U0081601

心一堂彭措佛緣叢書‧索達吉堪布仁波切譯著文集

仁波切香港大學問答錄Ⅱ
——心淨國土淨

索達吉堪布仁波切　著

Śūnyatā

書名：仁波切香港大學問答錄 II ——心淨國土淨
系列：心一堂彭措佛緣叢書 • 索達吉堪布仁波切譯著文集
原著：索達吉堪布仁波切
責任編輯：陳劍聰

出版：心一堂有限公司
地址/門市：香港九龍尖沙咀東麼地道六十三號好時中心LG六十一室
電話號碼：+852-6715-0840　+852-3466-1112
網址：www.sunyata.cc　publish.sunyata.cc
電郵：sunyatabook@gmail.com
心一堂 彭措佛緣叢書論壇：　http://bbs.sunyata.cc
心一堂 彭措佛緣閣：　　　http://buddhism.sunyata.cc
網上書店：　　　　　　　http://book.sunyata.cc

香港及海外發行：香港聯合書刊物流有限公司
地址：香港新界大埔汀麗路三十六號中華商務印刷大廈三樓
電話號碼：+852-2150-2100
傳真號碼：+852-2407-3062
電郵：info@suplogistics.com.hk

台灣發行：秀威資訊科技股份有限公司
地址：台灣台北市內湖區瑞光路七十六巷六十五號一樓
電話號碼：+886-2-2796-3638
傳真號碼：+886-2-2796-1377
網絡書店：www.bodbooks.com.tw
台灣讀者服務中心：國家書店
地址：台灣台北市中山區松江路二〇九號一樓
電話號碼：+886-2-2518-0207
傳真號碼：+886-2-2518-0778
網絡網址：http://www.govbooks.com.tw/

中國大陸發行 • 零售：心一堂 • 彭措佛緣閣
深圳地址：中國深圳羅湖立新路六號東門博雅負一層零零八號
電話號碼：+86-755-8222-4934
北京流通處：中國北京東城區雍和宮大街四十號
心一店淘寶網：http://sunyatacc.taobao.com/

版次：二零一五年六月初版，平裝

定價：　港幣　　　　七十八元正
　　　　新台幣　　　二百九十八元正

國際書號 ISBN 978-988-8316-54-0

目　　錄

仁波切香港大學問答錄Ⅱ——心淨國土淨

目錄

心淨國土淨

『2011年7月28日晚上』

主持人致辭：

請大家起立，熱烈歡迎我們尊敬的索達吉堪布，和香港中文大學人間佛教研究中心主任學愚教授——

謝謝大家！請坐。今晚我們的演講主題「心淨國土淨」正式開始。首先，有請香港中文大學人間佛教研究中心的學愚教授致辭——

學愚教授：

今天我們有緣聚會於香港中文大學，聆聽索達吉大法師的演講。我們都是慕名而來，這是一個難得的機會，用一句話來講就是：千載一時，一時千載。

大家應該都知道索達吉大法師的簡歷，今天的因緣非常殊勝，我們抱著很大的求法欲望而來。在座諸位大善知識，首先請認真聆聽大師的講座，然後對不懂的地方可以詢問。佛教中有句話是：「大疑大悟，小疑小悟，不疑不悟。」大師今天來這裡傳法，就是來解答我們疑惑的。如果你在生活方面、人際關係方面、乃至佛法修行方面有困惑，都可以提出來。剛才我們在吃飯時，堪布也說了，不怕問題問得深，有什麼問題，堪布

1

都可以回答。

　　現在，請以熱烈的掌聲歡迎堪布給我們講法——

　　大家好！今天很高興來到中文大學。我高興的原因，並不是自己能在這裡講話，而是看到這裡的學術氣氛很自由、很開放，非常便於大家探尋真理。

　　今天早上在學術研究會上①，中文大學文學院的熊院長講了一句話，我覺得很受啟發，她說：「在座這麼多大學生來自全國各地，集聚在這裡研討佛法，是來之不易的；你們能有這樣一個信仰，也是來之不易的。」確實，在當今社會，有正確的信仰並不容易。尤其在大學校園裡，能有這樣一個互相交流、互相研討的機會，引導很多年輕人追求真理，這是相當難得的，對每個人的人生觀，也會有不可磨滅的意義。

心淨國土淨——香港中文大學演講

一、略講「心淨國土淨」之理

　　今天我講的主題是「心淨國土淨」。這個道理在有些人看來，可能比較淺顯，只理解為真善美可以改善外在的環境。但若以大乘佛教、尤其是密乘的觀點解釋，那就相當甚深了。

①堪布此次應邀參加第六屆青年佛教學者學術研討會，主題是"佛教的生態環保和心靈環保"，由香港大學、佛光大學主辦，北大、南大、南開、武大、香港中文大學等多所高校的佛教學者發表論文，並邀請國內外各大高校的知名人士作為評委，其內容涉及漢傳、藏傳、南傳三大佛教體系。堪布是負責藏傳佛教內容的主要評委。

比如說你們中文大學，後面依山、前面傍海，被譽為全亞洲最美麗的大學校園之一，這是怎麼來的呢？是師生們共同的福業所感。假如你們往昔沒有積過善因，就不可能現前這樣的環境，像最近非洲在鬧災荒，1100多萬人面臨著飢餓的威脅，從電視中也可以看到，好多人的生活就像餓鬼一樣，非常可憐，這也是他們的共業所致。

那麼，業力又跟什麼有關呢？跟我們的心息息相關。佛陀在《華嚴經》中說：「眾生心淨故，得見清淨剎。」世間上的萬事萬物，實際上都是自心的顯現。在凡夫人的眼裡，這個世界粗糙不堪、凹凸不平；但在一地菩薩看來，由於斷除了遍計我執，所見何物皆無不淨；到了八地以上，看到的會更為清淨。關於這方面的道理，藏傳佛教《大幻化網》中有深刻的剖析。若想真正通達，大家必須要花一定的時間。

大概在99年前，藏地有位非常偉大的學者，叫麥彭仁波切，他所造的《大幻化網光明藏論》中，就以顯宗和密宗的觀點，闡述了「心淨國土淨」的道理。十多年前，我也給部分知識分子講過一遍，在講的過程中我深有體會，感到「心淨」真的是「國土淨」。這一點，只有將大乘佛法的甚深理論，與實修相結合才會明白。當然，我並不是說自己有什麼境界，只是想告訴你們，藏傳佛教中確實有許多精髓，值得各位去借鑒、去學習。

昨天，學愚教授也講了，他以前在日本、在哈佛大

學，看到許多專門研究藏傳佛教的機構，不少教授、博士長期致力於此，從見解上、修行上探索藏傳佛教的奧義。像這次來自英國的尼格教授，就對藏傳佛教非常感興趣，他本人是學薩迦派的，對很多道理講得相當明白。尤其令我吃驚的是，他竟然能用流利的藏語跟我交流。作為一個英國人，對藏語的造詣達到這種程度，是相當不容易的。由此可見，如今很多學者對藏傳佛教的研究，已不滿足於僅僅只看幾本書了。

藏傳佛教為什麼能吸引這麼多人呢？關鍵在於它的邏輯性非常強，修行次第十分明了，再加上傳承上師的竅訣、未經中斷的清淨傳承等，許多方面散發著獨特的魅力，被當今學者譽為世界文化的寶庫。包括漢地許多大學的教授、研究生、博士生，近年來也都在研究藏傳佛教的因明、中觀、大圓滿等。而且值得慶幸的是，青藏高原因為自然條件所限，無形中起到了保護文化的作用，這也是眾生的一種福分，如此給全世界帶來的利益無法估量。

或許個別人認為，藏傳佛教的教義，只不過是灌頂、開光、灑淨、加持、放生這麼簡單，實際上並非如此。假如你真想了解藏傳佛教，就一定要進入藏地的佛學院，或者有規範管理、系統學習的道場，這樣才能明白它在教義方面的嚴密性。

那麼，灌頂、加持是不是藏傳佛教呢？是它的一種形式，但並不是它的精髓。所謂的佛教，正如偉大的世

親論師在《俱舍論》中所說，唯一就是教法與證法②。不僅藏傳佛教是這樣，漢傳佛教也是如此。

　　現在許多佛教徒，只執著於佛教的表面形式，儘管自己皈依多年，卻並不了解佛教的教義。包括研究佛教的一些知識分子，像這幾天參加研討會的二十多位大學生，有些只知道佛教的幾個公案、理論上的一點皮毛，卻並沒有深入佛教的核心。其實，要想通達佛教的教義，不能只看一些資料就夠了，而要像前輩高僧大德那樣，通過長期的學習、研究、辯論、實地修持，才能真正獲得。

　　尤其像「心淨國土淨」這樣的道理，大家一定要潛心研究才能通達。它不僅在藏傳佛教中反覆提及，而且漢傳佛教的《維摩詰經·佛國品》中也講到過：舍利子曾認為釋迦牟尼佛的剎土不清淨，是個具五濁煩惱的世界。但從東方剎土來的螺髻梵王說：「在我的眼中，釋迦牟尼佛的剎土清淨無垢，宛如自在天宮。」可是舍利子不相信，說自己所見的，全是泥石瓦礫、丘陵坑坎③。兩人爭執不下之際，佛陀以腳趾壓地，頓時三千大千世界莊嚴無比、極其清淨，呈現出無量的功德。舍利子見

仁波切香港大學問答錄Ⅱ——心淨國土淨

---

② 《俱舍論》云：「佛之妙法有二種，教法證法之體性。持教法者唯講經，持證法者唯修行。」
③ 《維摩詰經》云：「爾時，螺髻梵王語舍利弗：『勿作是念，謂此佛土以為不淨，所以者何？我見釋迦牟尼佛土清淨，譬如自在天宮。』舍利弗言：『我見此土丘陵坑坎，荊棘沙礫，土石諸山，穢惡充滿。』螺髻梵王言：『仁者心有高下，不依佛慧，故見此土為不淨耳！舍利弗！菩薩於一切眾生，悉皆平等，深心清淨，依佛智慧，則能見此佛土清淨。』」

後歎為稀有，佛陀告訴他：「我的器情世界本來就是清淨的，只不過你沒有見到而已。」

漢傳佛教的《圓覺經》中，也講過：「眾生國土，同一法性；地獄天宮，皆為淨土。」所以，大家若想懂得「心淨國土淨」的道理，必須要學習《維摩詰經》、《圓覺經》這兩部經典。同時，最好再研究一下藏傳佛教的「大幻化網」，以及大圓滿中的「本來清淨」。假如你依靠具有法相的善知識引導，然後去觀察自己的心，就會慢慢體會到，「心淨國土淨」並不只是口頭上說說，而是確實會有不可思議的清淨境界紛然呈現。

二、心不淨則國土不淨

當然，這個法特別甚深，只用一堂課的時間，肯定無法揭示其中深義。因此，我今天主要給大家講一個要點，那就是：心不清淨的話，國土也不清淨。

為什麼這樣說呢？打個比方，一個白色的海螺，正常人看來是白色；但在有膽病者的眼中，它卻是黃色；對眼根毀壞的人來說，甚至連黃色也見不到，只能看到漆黑一片。可見，外境的清淨與否，與自己的心有極大關係。

當今時代五濁橫行，人們內心貪嗔癡充滿，所造的惡業簡直無法想像，如此勢必會感召外境的一系列失衡。就算是再美麗的城市、再怡人的海島，以後會變成

心淨國土淨──香港中文大學演講

什麼樣也很難說。美國前副總統戈爾（Albert Arnold "Al" Gore, Jr., 1948-），通過多年對全球暖化的研究，曾在一份報告中提醒世人：人類若再這樣無節制地破壞大自然，那麼用不了幾年，許多沿海城市就會被海洋淹沒。這種現象的真實原因，他倒沒有揭示得很清楚，但古希臘哲學家柏拉圖④（Plato, Πλάτων，約前427－前347），在描述大西洲（亞特蘭蒂斯）這個神奇國度的毀滅時，卻講得非常明白。

　　他在兩篇著名的對話著作——《克里齊》和《齊麥里》中，詳細記述了大西洲的存在。他說如今的大西洋那裡，在一萬多年前，有一片美麗富饒、高度發達的陸地，即大西洲。那裡氣候溫和，森林茂密，國家繁榮富強，人民安居樂業，是一塊得天獨厚的樂土。當地人信仰海神，將其視為至高無上的主宰，時時加以供奉。後來，大西洲的人們開始腐化，邪惡代替了聖潔，貪財愛富、窮奢極欲代替了天生的美德。此舉觸怒了海神，降下滅頂之災，在一次特大的地震和洪水中，整個大西洲僅於一日一夜便沉淪海底，消失於滾滾的波濤之中……

　　對於柏拉圖筆下的大西洲，有人認為是天方夜譚，有人卻對此深信不疑，只是苦於沒有找到確鑿的證據。幾個世紀以來，眾多考古學家試圖證明它的存在，但都

---

④柏拉圖：古希臘哲學家，也是全部西方哲學乃至整個西方文化最偉大的哲學家和思想家之一。他和老師蘇格拉底、學生亞里士多德三人，並稱為「古希臘三大哲學家」。

紛紛無功而返。直至2009年2月，英國媒體對外宣布：英國航空工程師巴姆福德，通過「谷歌海洋」軟件查看三維海床地圖時，震驚地發現在大西洋海底，竟有一塊貌似城市遺址的海床。這一驚人發現，讓全世界的考古學家興奮不已，假如它真是一處城市遺址，那很可能就是傳說中沉入海底的大西洲。

當然，我今天講這個，並不是想說明它的存在，而是想告訴大家，眾生造的業若日益嚴重，那麼世界總有一天會趨向滅亡。像古羅馬帝國，早期的人們崇尚純樸、高尚，然而，隨著它的經濟勢力不斷強大，世風日壞，崇尚奢華、狂歡縱欲的現象到處可見。最終，道德精神的沒落，成了古羅馬帝國走向衰亡的起點。

諸如此類的事例，古往今來數不勝數，理應引起人們的反思。倘若再繼續這樣下去，遲早有一天，我們「明月松間照，清泉石上流」的人間仙境，會變成「千山鳥飛絕，萬徑人蹤滅」的淒涼寫照。對此，每個人務必要重視！

三、當前人類面臨的兩大問題

最近召開的學術研討會，探討了心靈環保與生態環保，這二者歸根結底，其實都與人們行持善法、斷除惡業有直接關係。倘若沒有從這方面著手，那表面上喊了

多少口號，也不一定能起到真實作用。

　　而若想行持善法、斷除惡業，最根本應當注意兩件事情。是什麼呢？一是大多數人不承認前世後世；二是人們殺生非常嚴重。這兩點是當前亟待解決的主要問題。

1、不知道前世後世存在

　　如今許多人對前世後世茫然無知，這是相當遺憾的。昨天我坐在輪船上，途經香港科技大學時，很多人給我介紹這所大學如何先進。從遠處望去，它的建築就像中文大學一樣壯觀，但我當時冒出來一個念頭：「它裡面培養的人才再好，但大多數若不承認前世後世，那還算得上先進嗎？」當然，我對科技大學沒有任何敵意，只是自然產生的一種分別念。

　　不僅僅是科技大學，包括我們中文大學，乃至全世界任何一所高校，都是如此。許多大學剛一進校門，見到學生們來來往往、談笑風生，感覺非常不錯。但若深入了解這些人的內心世界，悲憫之心就會油然而生。為什麼呢？因為前世後世明明存在，他們卻根本不承認，盲目以為人只有短短一世，這種人生觀特別膚淺。有了這樣的人生觀，就不會有正確的價值觀。許多人覺得既然自己只能活幾十年，那人生的價值就在於享樂，於是絞盡腦汁地追求金錢，認為有了錢就有了幸福，這一點實在大錯特錯。不管你是什麼學者、教授，假如有了這

仁波切香港大學問答錄Ⅱ——心淨國土淨

樣的人生觀、價值觀，這是非常令人惋惜的。

按理來講，人類的智商超過動物，但你若連自己有前世後世都不知道，甚至有些佛教徒也心存懷疑，這輩子只為了衣食而奔波忙碌，那就跟動物沒什麼差別了。現在很多人之所以做事不擇手段，說到底就是因為不相信有來世。假如真的相信這一點，許多惡業自然就不敢造了，就如同明明知道是毒藥，自己再渴也不敢喝。為什麼呢？因為造了惡業以後，下一輩子肯定要受苦。

如今很多人因為環境、教育的影響，對來世的存在抱有懷疑，甚至根本不信，這一點，希望大家一定要去研究。其實這並不是很深，不像明心見性或證悟遠離四邊八戲的空性那麼難，只要借助於法稱論師的因明推理，我們就可以通達它。我曾翻譯過藏地一位大德所寫的《前世今生論》，裡面就講了很多這方面的道理，將佛教的論證與現代科學結合起來，完全可以建立前世後世的存在。

記得在2009年，美國也播報了一則輪迴轉世的案例：一個叫詹姆斯的美國小男孩，自稱前世是二戰海軍飛行員，當年死於自己的飛機被日軍擊中。這個男孩從小只喜歡飛機玩具，對飛機結構有著驚人的了解，而且經常做些墜機噩夢。他能很詳細地敘述自己的前世及死亡過程，有個二戰老兵也證實了他的描述。後來，他還找到了前世的姐姐——90歲的安妮，二人一見如故，安妮確信他就是弟弟的轉世。據說美國好萊塢導演準備將

這個故事，拍成一部電影。如果真能拍得很好，相信會有不少人因此而受益，重新考慮來世是否存在。

當然，這種現象在印度、藏地，乃至世界各地，都非常非常多。可大多數人仍置若罔聞，不願承認真有來世。甚至有些佛教徒，也只是口頭上說有輪迴、有來世，卻從沒有為此做過任何準備。因此，我今天再次強調這個問題，希望大家能引起重視。

2、殺害動物的現象特別嚴重

還有一點，剛才也提了，就是現在殺害動物的現象特別可怕。許多人認為，人殺人是不可容忍的，但人殺動物理所當然，甚至個別宗教也贊同這種說法，這是非常顛倒的。

如今21世紀，是人類殘殺動物最嚴重的一個世紀。在各種欲望的推動下、在先進科技的支持下，海裡的、空中的、陸地上的動物，都遭到了史無前例的滅頂之災，長此以往，我們的地球母親能否承受得了？這是應當考慮的問題。

有人可能認為：「人為什麼不能殺動物？牠們是低等的生命，本來就該給高等的人類吃掉。」這種想法非常不合理。動物的生命跟我們沒有任何區別，我們喜歡活著、逃避死亡，動物也是如此。既然這樣，我們有什麼權力剝奪牠們的生命？在人類歷史上，20世紀爆發的

第一次世界大戰、第二次世界大戰，分別使一千多萬人、五千多萬人離開了人間，這對人類來說，是一場鮮血淋漓的浩劫。而今21世紀，人類雖遠離了這樣的苦難，但更恐怖的災難，卻降臨到了動物頭上。

其實，高等與低等之間的不平等待遇，以往在人類身上也發生過。像幾個世紀前的黑奴貿易，就根本不把黑奴當人看，他們被當成商品一樣買賣，在碼頭上、在市場上，一天可成交無數筆這樣的交易。這種黑奴貿易，延續了長達四百多年。《湯姆叔叔的小屋》（又名《黑奴籲天錄》）中，就真實地描寫了黑奴在奴隸主殘酷壓迫下的悲慘命運。此書是19世紀最暢銷的小說，暢銷量僅次於《聖經》。在它發表的頭一年，美國本土便銷售了30萬冊。

那個年代，奴隸主眼中的黑奴，跟現在人們眼中的動物相仿。他們覺得奴隸是低等的人種，可以隨便買賣、殺掉。而且在運輸黑奴的途中，大量黑奴被塞在擁擠的船艙裡，空氣污濁，飲食惡劣，傳染病猖獗。他們一旦身患重疾，就被立即拋入大海，葬身魚腹，有時候幾百個幾百個被扔入海中……這種慘劇從15世紀到19世紀都在上演。直至1890年布魯塞爾會議上，作出了廢除非洲奴隸貿易的決議，黑奴貿易才算正式終止。

所以，在曾經的四百多年裡，相當一部分人認為，高等的白人奴役、甚至殺掉低等的黑人，可謂天經地義。後

心淨國土淨——香港中文大學演講

12

來，美國諾貝爾和平獎得主馬丁.路德.金（Martin uther King, Jr., 1929-1968），在《我有一個夢想》中呼籲，白人必須對黑人實現民族平等。之後的南非前總統曼德拉（Nelson Rolihlahla Mandela, 1918年-），也一直反對種族主義，提倡黑人與白人應享有同等的待遇。

同樣，我們對動物也需要如此。在這個地球上，牠們也有生存的權力，人類不應為了一己的口腹之欲，讓牠們付出最寶貴的生命——不過，每次我一提起人類的痛苦，比如汶川發生了地震、玉樹發生了地震，很多人就淚流滿面、感同身受。而若講到動物的苦難，尤其是屠場上的慘不忍睹，好多人都沒有感覺，表情也是一般般。

前段時間我參加「世界關愛論壇」，組委會提倡將每年的7月17日設立為「世界關愛日」，「7.17」意為親一親，這一天，每個人都應親一親身邊的老人、孩子、親朋好友。當時我就在會場上呼籲：這一天不但要親一親我們身邊的人，還應親一親我們身邊的動物，即使不能長期吃素、放生，這一天也最好盡量做到。但遺憾的是，大家對此反應平平，願意為動物代言的人，實在寥寥無幾。在西方，辛格（Peter Singer, 1946-）等個別學者，也曾提倡要解放動物⑤，然而大多數人在行為上，也並沒有引起特別重視。

仁波切香港大學問答錄 II——心淨國土淨

---

⑤彼得.辛格：澳大利亞和美國著名倫理學家，曾任國際倫理學學會主席，是世界動物保護運動的倡導者，其代表作是《動物解放》一書。

其實，若想拯救地球、拯救人類，我們理應從培養慈悲心開始。倘若沒有慈悲心，未來各種災難定會頻頻發生。湯恩比博士說：「拯救21世紀人類社會的，只有孔孟之道和大乘佛法。」日本哲學家、思想家池田大作也認為，人的外在生活環境之所以出現危機，其根本原因在於人的心靈出現了問題，是人類人性深處潛藏著無窮無盡的「魔性的欲望」所致。

如今人們的欲望極其可怕，不管是天上飛的、水裡游的、地上跑的，只要看到有肉就想吃，真是一種「魔性的欲望」。尤其是住在海邊的人，覺得一天不吃海鮮就活不下去，從來沒想過自己的快樂，是建立在眾生怎樣的痛苦之上。這樣的人類，到底是進步還是落後？每個人都應當深思。

或許有人聽後會提出抗議：「既然動物不能吃，那植物也不能吃，因為它也有生命。」這種說法不正確。佛陀在《涅槃經》中講過⑥，殺生的定義是什麼？就是毀壞眾生的五蘊。植物雖有生長、死亡的現象，在一些刺激下也有各種反應，但它並沒有真實的五蘊，跟動物的生命完全不同。動物的生命，跟我們人類一樣。我們怕死，動物也怕死；我們遇到生命威脅時，願意付出一切，來換取存活的機會，動物也是如此。既然這樣，我們對動物的生命，為什麼不能平等對待呢？

心淨國土淨——香港中文大學演講

---

⑥《涅槃經》云：「眾生佛性住五陰中，若壞五陰名曰殺生。」

漢傳佛教歷來提倡吃素，這一點非常符合大乘教義。我本人是學藏傳佛教的，但也十分隨喜這種傳統，它不僅體現了大乘佛教的精髓，而且對如今推遲全球暖化，具有相當重要的意義。美國前副總統戈爾在《難以忽視的真相》中警告世人：對付全球氣候變暖，我們只有10年時間。具體該怎麼做呢？關鍵要提倡素食，因為肉食是全球暖化的主因。2007年諾貝爾和平獎得主——聯合國跨政府氣候變化研究小組（IPCC）⑦的主席帕喬里博士（Rajendra Pachauri, 1940-），也曾公開呼籲「不吃肉、騎腳踏車、少消費，就可以協助遏止全球暖化。」

　　聽說現在有不少大學生，對吃素很感興趣，這是非常好的現象，此舉對自己健康也很有幫助。常有人認為，不吃肉就會營養不良。其實犛牛吃草，豬也沒有吃肉，牠們都有足夠的營養，為什麼我們就不行？而且，假如你吃了動物的肉，牠們身上的各種疾病，也會間接傳染給你，難道你不害怕嗎？

　　吃素除了可讓我們健康外，對環境保護非常有益。曾有一份報告中顯示：吃素一天，就等於種了180棵樹⑧。既然這麼簡單就能保護地球，我們又何樂而不為呢？今晚在場有幾百人，如果每個人都吃肉，那好幾頭豬也

仁波切香港大學問答錄 II ——心淨國土淨

---

⑦2007年度諾貝爾和平獎，授予美國前副總統戈爾與聯合國政府間氣候變化專家小組（IPCC）。
⑧每吃素一天，每人就可減排二氧化碳4.1千克，相當於180棵樹一天吸收的二氧化碳量。

不夠我們吃一頓。或者按照你們香港的習俗，海裡什麼動物都要吃，那一頓飯要殺多少個生命？我們的生存，若建立在摧毀其他生命的基礎上，那還不如早點死了好——也許我講得比較過分，但事實上的確如此。假如我為了自己活著，而把你殺掉的話，這是非常不公平的。

有史以來，人類一直在追求世界和平。其實要想達到這個目標，就要明白世界上不僅僅有人類，還有動物。況且按照考古學家的觀點，地球上先有動物，後有人類，這樣的話，地球就不是人類所獨有的，動物也應該有自己的生存空間。因此，人與人之間需要和睦相處，人與動物之間也應當如此。倘若我們肆無忌憚地殺害動物、亂砍亂伐、浪費資源，這個世界有可能和平嗎？單單是各國之間不打架，彼此說說好話，這就是真正的和平嗎？

四、若想實現「心淨國土淨」，理應從自他做起

因此，希望大家的一些觀念，要從根本上改變。否則，再怎麼提倡「心淨國土淨」，實際上也淨不了。假如我們的內心都是害心、殺心，佛陀在《阿含經》中也講了⑨，這就是外物衰損的因，以此會感召天災人禍層

---

⑨《增一阿含經》云：「世尊告諸比丘：由十惡之本，外物衰耗，何況內法？」

16

出不窮，諸多災難此起彼伏。而且，我們死了以後，去向是什麼呢？就是地獄、餓鬼、旁生，這是誰都不願意的。人活在這個世上，無非只有幾十年，為了這麼短暫的一期生命，而造下彌天大罪，給自己帶來萬劫不復的痛苦，這實在太划不來。

所以，一個人的將來是快樂還是痛苦？完全取決於自己一念間。藏地有句名言是「心善地道善，心惡地道惡」，也就是說，心善的話，前途是光明；心惡的話，前途是黑暗。佛陀在經中也經常說：「萬法唯心造。」為什麼呢？因為心善就會聚集許多「正能量」，投射的外在世界會非常美好；反之，倘若我們的心很惡，外境就會出現「負能量」，給自己帶來無盡的痛苦。

這一點，在日本學者所寫的《水知道答案》中，也有很充分的說明⑩。有些人認為這不可信，實際上並非如此。假如你去深入研究，就會發現心對外境真的會起到很大作用，這個世界美好與否，跟人們的內心有直接關係。對此，東西方的許多哲學家和心理學家都承認，佛教的《大乘起信論》中也說：「三界虛偽，唯心所作。」

因此，要想我們的國土清淨，就先要淨化我們的心

仁波切香港大學問答錄Ⅱ——心淨國土淨

---

⑩書中通過實驗的方式說明，「善良、感謝、神聖」等美好訊息，會讓水結晶成美麗的圖形；而「怨恨、痛苦、焦躁」等不良訊息，會出現離散醜陋的形狀。水能受到心念的影響，而產生不同的結晶，善的結晶美麗，惡的結晶則醜陋。

靈。只有心地善良、行持善法，才會讓世界變得更美好，陽光更燦爛，花朵更鮮豔。否則，人人都在造惡業的話，絕不可能帶來外境的舒適安寧。所以，這個世界需要我們每個人來維護，你也好、我也好、他也好，都肩負著這個使命！

心淨國土淨——香港中文大學演講

附：

香港中文大學問答

『2011年7月28日晚上』

（一）問：這個世界很不清淨，因為我們有貪欲、無明。但無奈的是，有時不是因為我們的煩惱障，而是因為智慧有限、所知不多，就是所知障的問題，事情就發生了。在這種情況下，怎樣才能真正去感悟「心淨國土淨」呢？

答：嚴格來說，煩惱障在七地末才會斷掉；而所知障是從八地開始斷除，到十地末才會斷盡。這在彌勒菩薩的《寶性論》等諸多論典中，都有詳細說明。因此，所知障是一種極細微的障礙⑪，我們凡夫人什麼粗大的障礙都有，還根本提不上所知障。

當今這個世間，正如佛陀早在經中所預言的，越來越末法、越來越惡濁了，人們的見解也越來越低劣，煩惱越來越熾盛，在這樣的環境中，確實「心淨國土淨」很難呈現。但即便如此，萬法的本體也是清淨的，我們若能用短短幾十年精進修行，到了最後，清淨的境界就可以完全現前，這從歷代大德的身上也能得以印證。

---

⑪《寶性論》云：「三輪虛妄分別心，承許彼為所知障；慳等虛妄分別心，承許彼為煩惱障。」

所以，只要遵照佛陀的教誨好好修行，我們的煩惱就會慢慢減輕，這個世界從自現的角度來講，也會變得越來越美好。

　　（二）　問：我是香港中文大學通訊工程系的。請問，傳統的生命分類是動物、植物、微生物，那微生物中的細菌和病毒是不是有情呢？如果是，我們吃藥、消毒是不是也成了殺生？應該怎麼樣對待和處理？

　　答：傳統認為植物也有生命，但我剛才講了，植物並沒有五蘊所組成的生命。現在很多人、甚至一些法師也聲稱，植物不能吃，它的生命與動物一模一樣。若是這樣承許，佛陀在《楞嚴經》中說了，這是外道的說法⑫。

　　至於肉眼看不到的細菌、微生物，我們若是損害它，有沒有過失呢？沒有過失。往昔，佛陀的弟子阿那律在喝水時，用阿羅漢的天眼看到水中全是眾生，於是他就不敢喝了。佛陀告訴他：不應以天眼觀察，而應以肉眼為準⑬。所以，微生物並不是我們肉眼的對境，損害它不會構成殺生的罪業。

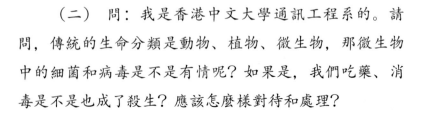

---

⑫《楞嚴經》云：「十方草木，皆稱有情，與人無異。草木為人，人死還成十方草樹……是人則墮知無知執，婆吒霰尼執一切覺成其伴侶，迷佛菩提，亡失知見。是名第四計圓知心，成虛謬果，違遠圓通，背涅槃城，生倒知種。」
⑬《根本說一切有部百一羯磨》云：「阿瑜率滿阿尼盧陀以天眼觀水，遂便分明，於其水內觀見中有無量眾生。世尊告曰：不應以天眼觀水。」

20

對於這樣甚深的因果道理，我們不能憑自己的想像去判斷，而應以佛經的依據進行取捨，這才是智者的選擇。

（三）問：我是香港中文大學哲學系的學生。我們現在身處的娑婆世界，是釋迦牟尼的清淨剎土，可在我眼中卻是滿目瓦礫。如果我通過今生的積累功德和修行，帶業往生到西方極樂世界，因為我的我執並沒有完全斷除，到時是否依舊會滿目瓦礫呢？

答：不會的。今年我傳講了淨土宗的一些經典，前不久剛講完《阿彌陀經》，如今正在講《無量壽經》，用的版本是菩提流志翻譯的《大寶積經.無量壽如來會》。

經中就講了，娑婆世界的眾生可以帶業往生，到了極樂世界之後，依靠阿彌陀佛的願力和自己的信心力、發願力，黃金為地、七寶為池等種種清淨現象，會頓時呈現。聽了極樂世界的法音之後，有些人當下就證得一地菩薩的果位，有些則需要一段時間。但不管怎麼樣，只要到了那裡，就會斷除我執，成就不退轉的果位。

問：佛陀第三轉法輪講了明空無別，「明」到底是怎樣的境界？既然是明空無別，為何又要一名以「空」、一名以「明」？

答：明空無別的境界，是指在究竟勝義中，明即是空、空即是明，相當於《心經》所講的「色不異空，空不異色」。

但「色不異空，空不異色」，只側重於佛陀第二轉法輪的教義，並沒有深入剖析「明」的部分。直到第三轉法輪，尤其是密宗《時輪金剛》中，才揭示了「色」其實是光明的顯現，在真實的境界中，明與空是無二無別的。但這種明分，我們用語言無法表達、用分別念無法想像，是一種不可思議的境界，文字上只能這樣來描述。

（四）　問：我是中文大學經濟系的碩士。剛才您提到了環境保護，我也很關注環保。所以，我想請教您一個問題：佛教中對環境保護持什麼態度？

答：你的問題很好！環境保護在當前非常重要，今天有位中文大學的老師說：假如釋迦牟尼佛還在世的話，他也會站出來關心這個問題的。

如今不少人非常關心環保，我個人來講，對保護環境、保護生命，一直就有興趣。作為佛教徒，在這方面也應當略盡綿力，真正做一些事情。

有些人可能認為，佛經中並沒有強調環境保護。這是不正確的。早在2500多年前，佛陀就意識到了環保的重要性，因此在一些出家戒律中規定：不得染污淨水淨

地，不可挖地割草，有條件的情況下適當種樹，等等。這在佛陀對小乘行人開示的《毗奈耶經》中，就有很明確的說明。所以，佛陀不但要求我們保護動物，而且還提倡保護環境。

自古以來，佛教與大自然就有密不可分的關係。比如，佛教很多寺院都建於幽靜的青山綠水間，令人一進去就感到特別清淨、放鬆，一顆疲憊不堪的心能得以休息。還有，從釋迦牟尼佛的一生來看：他降生於藍毗尼園的無憂樹下，六年苦行於尼連禪河畔的樹下，成道於金剛座的菩提樹下，初轉法輪於鹿野苑的林中，涅槃於娑羅雙樹下。所以，佛陀從最初降生到最後涅槃，全部都與大自然有關。正因為這樣的緣起，印度、藏地、漢地的歷代高僧大德，大多都在特別寂靜的森林中、山洞裡，獲得了無上成就。

因此，佛教中重視環境保護，應該有很多的依據。

問：有些人之所以造了很多業，關鍵是不知自己有前世後世，所以你勸他不要造業，他根本不聽。就好像一個糖尿病人，告訴他不要吃糖、不要吃香蕉，可他就是不接受。其實不管對親人還是陌生人，我都真的很想幫他，但有時反而會引起對方的不愉快或苦惱。這個時候，我不知道是該堅持，還是「再，斯可矣」，也就是說，我跟他講第二遍就夠了，接不接受是他的事？

答：從你的表情來看，確實承認有前世後世，而且很關心周圍的人，想用佛法去饒益他們。

可現在大多數的漢族人，跟我們藏族人不同，你們身邊的親朋好友幾乎都不信佛，勸他們相信因果，真的非常費力。而我們藏族，儘管如今個別年輕人被西化了、被漢化了，但99％的人仍然信因果，家裡有一個出家人的話，也覺得十分光榮。

但即便如此，你在看到別人造惡業時，也不能勸了兩次沒用就不管他了。釋迦牟尼佛在因地時，曾有一世為了調化一個人，就用了千百萬年的時間。一個人，用了千百萬年啊！當時人的壽命也特別長，不像現在只有一百歲左右。所以，我們為了利益眾生，一定要不斷努力，若能如此，總有一天他會被你感化的。

包括在我們佛學院，有些人剛開始也不信佛，他的孩子讀了大學後去學院出家，他特別特別反對。但後來他的孩子再三跟他講道理，兩三年以後，他自己也跑去出家了。這樣的事例非常多。

有一個人，就蠻有意思的。最初她孩子在學院出家，她拿著刀子追去威脅：「你今天敢出家的話，要麼我殺了你，要麼我自殺。」當時我們很多人一直勸她，她才不甘願地放下刀子，勉勉強強回去了。結果過了五年後，她竟然也來學院出家了。現在，她和她的孩子都是非常清淨的出家人。

心淨國土淨——香港中文大學演講

所以，有些人的見解和行為，其實是可以改變的，只不過需要一定時間，故我們不能輕言放棄。

（五）問：我是香港中文大學經濟系的學生。在當今商業經濟當道的社會中，您如何看待環保與消費之間的對立矛盾？

答：這個問題，其實我也思考過。現在這個社會，生活節奏越來越快，工作壓力越來越大，與此同時，人們的消費也越來越高。在這種情況下，消費與環保之間，有時候是對立的。

不過，我們佛教提倡一種生活觀：不能特別奢侈、揮金如土；也不能極度拮据、衣食無著，若像乞丐一樣，也會寸步難行。而應當保證基本的生活條件，在此基礎上知足少欲，不要縱容自己的欲望，也不要為了競爭而活著。

如今大多數人，購置大量東西並不是因為需要，而是源於競爭。看到他人的房子不錯，自己就非要買一個；瞧見別人的轎車很好，自己也要買輛好轎車，否則，就覺得在別人面前抬不起頭來。這樣的人活得很累，所以，我們應該隨遇而安，根據自己的福分來維持生活，如此才會活得比較開心，自己的消費與環保之間，也不會有很大衝突。

此外，我們平時還要有環保的概念，電水應該節約，不要隨便浪費。我以前去新加坡時，他們在這方面就做得很好。但最近在香港，我看到晚上所有高樓的燈幾乎都亮著，兩三點鐘也是如此。其實，這時候很多人都睡了，這些電白白地浪費掉，好像有點可惜。當然，也許是有人要上「夜班」。但很多問題，我們要值得思考。

（六）問：我是香港理工大學電子系的。我和另外一位居士在色達見過您，一直很關心您，請問您現在身體好不好？

答：好好好，身體蠻好的，沒事。

問：我之前問過您一個問題，您的答案是幫助這個世界。我希望也能像上師一樣幫助這個世界，不過不知道該怎麼做。比如我是學電子的，不知道鑽研科技是否有幫助。如果有，科技帶來的有利也有弊；如果沒有，那怎麼做才能對這個世界有益？

答：要想幫助這個世界，是鑽研電子還是其他科技，這些都是次要的，自己的心才是主要的。

如果你心裡有因果觀念、幫助眾生的願望，那無論是在家、出家，隨時都可以通過各種途徑，去行持利他

之舉。但若自私自利的心特別強，希望每個人都圍著自己轉，一直想方設法宣揚自我，那即便是披著袈裟的出家人，也只是一種形象而已，根本利益不了什麼眾生。

你以後的路該怎麼走，我並不清楚。但一個人無論生活在世界哪個角落，最有意義、最有價值的，就是要有一顆利他心。倘若時時刻刻將利他放在首位，自己的前途自然會光明。否則，每天只想著自我的話，久而久之，社會對你也不會認可的。

（七）　問：我是香港城市大學會計系的畢業生。我是佛教徒，但回答不了身邊朋友的問題。朋友曾問：「佛教徒用很多時間作經懺，認為念經可以幫助別人，但為什麼不將時間實際用於幫助別人？念經究竟如何幫人，只是口頭念念就有功效嗎？」我該如何回答呢？

答：你雖然學了佛，但我覺得還要繼續深入佛法，這樣的話，對非佛教徒的問題才可以回答，這是我的一個建議。

你那個提問題的朋友，對佛教不一定很了解。其實，佛教中並沒有說，念經後什麼事情百分之百都能解決。就像現在的一些中醫，並不敢說自己的藥能包治百病，但我們不能因此就認為：「你既然不能包治百病，那幹嘛還要當中醫？不如親自去幫助眾生。」要知道，

仁波切香港大學問答錄 II——心淨國土淨

每個眾生的病是不同的，對於有些疾病，中醫是可以治的。同樣，佛教徒用很多時間念經，也可以從某個角度幫助到眾生。

這一點，我自己就深有體會。比如，我平時生病了，或者出現違緣了，就趕緊交錢請僧眾念經。也許不信佛的人認為這是迷信，但我卻對此深信不疑，因為念了經以後，很多事情馬上就有好轉了。如同藥本身有治病的功效一樣，念經的話，依靠諸佛菩薩的加持力，與自己清淨的發心力，自然也會產生一種不可思議的作用。當然，念經為什麼有這種力量？必須要深入經藏才能徹底明白。

（八）問：我信仰佛教，覺得愛情是無常的，對戀愛也沒有太大興趣，那我要不要為了結婚而結婚？婚姻的基礎一定是愛情嗎？

答：要不要結婚，最好由你自己決定，我作為一個出家人，來決定可能不太合適。（眾笑）

但婚姻也好、愛情也好，剛開始是會有一種感覺，大多數年輕人也非常嚮往，覺得這是通往幸福的階梯。但從我們佛教的眼光來看，一旦你結婚以後，自由的鑰匙就交給對方了，從此之後，你就被困在無自由的空間裡了……

當然，世間人也有另一種解釋方法。這種解釋方法，尤其是一些老年人都有經驗，可以讓他們來回答。

　　（九）問：我在上海社會科學院宗教研究所工作，如今在香港中文大學崇基學院訪學，從事近代藏傳佛教的傳播研究。能否請您簡要介紹一下現在漢藏佛教的交流情況？

　　答：從上世紀20年代開始，漢地就有很多高僧、學者遠赴藏地求法，在一些寺院裡鑽研藏傳佛教。隨後的90年代，藏地也有不少大德來漢地交流。我第一次隨法王來香港是1990年，後來1993年去美國時也途經香港，當時住在白玉中心。那個時候，香港比大陸開放很多，經常接待來自尼泊爾、印度的藏地大德，此處也建立了很多道場，大家都在互相學習，讓人看了非常隨喜。後來，漢地的宗教政策恢復後，藏地也有許多出家人，去北京高級佛學院進修，甚至在北京大學等高校讀書，彼此間在佛教方面的交流日益密切。

　　如今隨著科技越來越發達，人與人的距離越來越近了，佛教各大教派之間，也有了很好的條件互通有無、取長補短。像這次中文大學舉辦的學術研討會，就涉及到南傳佛教、藏傳佛教、漢傳佛教，而且其他文化體系的人也共襄盛舉。那麼，以後有機會的話，我們還歡迎基督教、

仁波切香港大學問答錄Ⅱ——心淨國土淨

天主教、道教等其他宗教人士，也都能前來參加。

　　我自己雖然是學藏傳佛教的，但對佛教的其他宗派都很尊敬，對其他的宗教和傳統文化，也非常有興趣。畢竟人類不同的文化，就有不同的價值，所以，這次看到中文大學以非常包容、開放的心態，傳播世界文化，真的感到由衷歡喜。

　　關於漢藏佛教之間的交流，我的上師——法王如意寶晉美彭措就很有遠見。他老人家在1987年，首次提出去漢地五台山。當時藏地大德來漢地的，應該說根本沒有，不像現在這麼多，現在有些是好的高僧大德，有些則打著藏傳佛教的旗號，行為不太如法。以前我去台灣時，就聽說有「好仁波切」、「壞仁波切」之分，如今漢地的城市裡，也開始有了這種說法。不過，這種現象不僅在藏傳佛教中有，漢傳佛教中也有；不僅在佛教團體中有，包括基督教等其他宗教，以及世間的政府機構中也有。所以，只要有人類的地方，好人、壞人都會存在。

　　當年法王去了五台山之後，就有許多漢地佛教徒紛紛前往藏地求法，參訪我們五明佛學院為主的各大道場，兩地學者之間，也開始有了互相交流、學習的機會。其實這是非常有必要的，不管是哪個宗派的人，若能以開放的心態博採眾長，對自他都會有很大的利益。否則，只認為自己的最好，一味地閉門造車、排斥他宗，那自宗也不會有什麼發展前途。

心淨國土淨——香港中文大學演講

在我們藏傳佛教中，對顯密各大教派都非常歡迎。這次中文大學的研討會，以及星雲大師的「人間佛教」理念，也無不體現了這一點，這都是十分值得讚歎的！

（十）問：我是北京大學哲學系的博士生。您講顯宗、密宗對「心淨國土淨」的理解，有極為甚深的含義，可否請您簡要地開示？

答：若想「簡要地開示」，我剛才在第一段中已經講了。但要再次補充的話，關於「心淨國土淨」，藏傳佛教有一部論典叫《定解寶燈論》，裡面就通過比喻進行了闡述。比如同一杯水，在業感不同的六道眾生看來，顯現也會各不相同：地獄眾生看到的是鐵水，餓鬼看到的是膿血，旁生和人類看到的是能止渴的水，天人或持明者看到的是甘露，八地菩薩以上看到的是非常清淨的一種光明，而佛陀看到的則是遠離一切戲論的大光明。

究竟而言，這杯水的本體是清淨的，但因為眾生心的清淨程度各有不同，所見也有清淨、不清淨的差別。不過，從接近實相的角度來說，上者所見為正量，下者所見為非量。比如，地獄眾生業障最重，所以看到的就是鐵水；而餓鬼的業障稍輕一些，故看到的是膿血。二者相較之下，餓鬼看到的是正量，地獄眾生看到的就是非量。這樣一層一層往上推，佛陀所看到的，則是最清

淨、最真實的正量。

不但對一杯水可有不同的認識，我們對這個世界的認識也是如此。就拿香港來說，一個修證不好的凡夫人，正處於嗔心大發時，會覺得這裡的治安非常亂，看什麼都不順眼；而若是心地特別清淨的人，看香港就是一片淨土，完全沒有娑婆世界的任何煩惱。

所以，外境的清淨與否，與自己的內心有很大關係，這是將顯、密理論結合後所得出的結論。尤其是密宗方面，有大圓滿的獨到見解，有了這個見解的話，不需要太多語言，通過自心對外境的認知，就能覺察到它的本體到底如何。

（十一）　問：可否請您用佛學來解答一下生命的起源？

答：以前學過達爾文「進化論」的人，會覺得生命是突然冒出來的，就像草地裡突然長出蘑菇一樣，而人最後死時，猶如火滅了、水乾了一樣，什麼都沒有了。這種觀念，對我們的生存意義和價值觀有很大損害。據基督教的有些人說，達爾文在晚年也意識到了自己的錯誤，並撰文表示了懺悔。

在我們佛教中，按照十二緣起的觀點，生命應起源於無始以來。從久遠開始，眾生就漂泊在輪迴中了，所

心淨國土淨——香港中文大學演講

以生命的流轉沒有起點。而當你想終結這種輪迴時，可以通過修行獲得成就，最終猶如種子被燒焦了不會再發芽一樣，這種生命會轉化成一種智慧，這在《成唯識論》中稱為「清淨轉依」。

（十二）問：我是台灣大學法律系的畢業生。倘若我暫時不能去學院追隨您出家，在台灣台北這樣的大城市裡，又找不到藏傳佛教的大僧團可以依止共住。就算是一些藏傳師父，自己也住在公寓大廈裡，跟世俗人相處很密切，環境沒有那麼清淨，這樣的話，我要如何護持別解脫戒？如果違犯了別解脫戒，沒有僧團可以作羯磨來懺悔，那犯了戒要怎麼懺悔呢？

答：你想出家的話，一定要再三考慮。畢竟出家是「終身大事」，不能憑一時衝動，而要長期地觀察、抉擇。在大城市裡，其實以居士身分也可以受別解脫戒，像三皈五戒等，這都是菩提心的基礎，也是佛教四眾弟子的一類。

當然，想出家也非常好，歷史上有很多了不起的高僧大德，都示現為出家身分。據我了解，現在台灣也有許多藏傳佛教的法師，像圖登諾布仁波切等，在佛教方面跟大家交流得非常好。

作為一個大學生，能生起這樣的出離心，我身為出

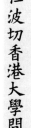

仁波切香港大學問答錄II——心淨國土淨

家人非常隨喜。我以前也是剛從學校裡畢業，自己想來想去，覺得在世間娶妻生子，過這樣一種生活沒有多大意義，然後就跑去出家了。

當然，一些知識分子想出家的話，我每次都會勸他們要深思熟慮。一旦真的考慮清楚了，以後就最好不要改來改去。

（十三）問：對於被殺的動物，我每天如果記得，都會給牠們迴向，希望其再投生時也能吃素。請問，這種迴向有意義嗎？還有，迴向給牠們往生淨土好呢，還是讓牠們投生為人，生在有佛法的地方好呢？

答：迴向的方法有多種，但最好能像《普賢行願品》、《入菩薩行論.迴向品》等迴向文中所念的一樣，而不是自己非要讓牠吃素，讓牠必須什麼什麼……不然，萬一牠哪天實在沒辦法吃素，又吃肉了，你可能會很傷心。（眾笑）

其實，如果迴向讓牠「離苦得樂」，範圍會比較廣，《普賢行願品》的內容皆可涵攝於此。至於牠以後會獲得什麼樣的快樂、什麼樣的果位，則應該隨緣而去，這樣可能好一點。

（十四）問：我是來自深圳的居士，在廣東粵北的

心淨國土淨——香港中文大學演講

一個城市工作。當地的山很多，我希望能在那裡多掛些經旗，要怎麼樣掛才如法呢？

答：掛經旗，很多人也許並不了解它的意義。在我們藏傳佛教中，掛經旗對亡者非常有利，比如有人因車禍而橫死，若能在出事地點掛經旗的話，亡靈就不會在那裡再再感受痛苦。因為一般來講，人橫死之後，還要在死亡的地方，五百次反覆感受死時的痛苦。但這裡如果掛了經旗，亡靈就可以避免此種恐懼和苦難。還有，家人若想為亡者做些善事，那麼掛經旗也很有功德。

另外，對生者來講，若想消除自己諸事不順、身心不健康等，掛經旗也會起到很大的作用。

當然，具體掛的地方，要視自己的情況而定。但不管掛在哪裡，都應選擇比較清淨的地方，不容易被人踐踏，也不影響環境美觀。在我們藏地，掛經旗在神山隨處可見，而在漢地，可能就比較困難了。你好不容易掛上了，別人又把它扯下來，統統扔進垃圾桶，很有這個可能性。因此，對這個問題需要再三考慮。

主持人：這裡有一位國外的聽眾，他給上師寫了一句話：Thank you for the inspiration. 就是感謝您給他帶來的靈感。讓我們再次以熱烈的掌聲，感謝上師給大家的開示！

現在進入最後一個環節：有請香港中文大學的學愚

教授總結，並贈予索達吉堪布紀念品——

學愚教授結語：

不知不覺兩個多小時已經過去了，我想我沒什麼可總結的，只是談談自己的體會。在這兩個多小時裡，我們真實體會到了「心淨國土淨」。為什麼這麼說呢？堪布在給我們講法，我們的心在聆聽，我們的心都淨下來了，那這個地方就是清淨的國土，清淨的國土就在這兒。然後把它擴展至我們的家庭、社會、國家，乃至整個世界，那這個世界就是一個和諧的世界，這個世界就是一個清淨的世界。

所以，今天我們很高興，非常的法喜充滿，也感謝堪布給我們帶來這種清淨的世界、清淨的心靈。好，再一次感謝堪布！

主持人：

今天晚上的演講到此結束！相信大家聽了索達吉堪布的演講，都會收穫良多。如果大家對堪布傳授的佛學課程有興趣，可以去香港國際菩提學會咨詢。大家手上的簡介，都有它的聯絡方式。謝謝大家！

心淨國土淨——香港中文大學演講

怎樣面對痛苦

『 2011年7月29日晚上 』

主持人致辭：

下面簡單給大家介紹一下今天的演講嘉賓索達吉堪布：

索達吉堪布，依止根本上師法王如意寶修學多年，不但承擔著佛學院漢僧的教學與管理工作，同時，也努力將藏傳佛教的智慧寶藏，傳播到漢地、乃至全世界的華語地區。

堪布現已出版的著作與翻譯作品，多達一百多本，目前仍舊筆耕不輟。近年來，堪布還通過網絡、視頻、微博等現代科技手段，廣泛地傳播佛法、接引善信，同時身體力行地投入辦學、助老、護生等慈善活動。堪布常說：「我不知道自己能活多長時間，但只要有一口氣，哪怕只有一個人聽法，我也會盡心盡力用佛法饒益他。」

這位慈悲的堪布，現在就在我們場內。請全體起立，以熱烈的掌聲歡迎堪布——

請大家就座。首先有請我們理工大學佛學會的甘耀權會長致歡迎辭——

甘耀權會長（粵語）：用什麼話講？他們喜歡聽廣東話。首先歡迎索達吉堪布來到香港理工大學講座，更加感謝各位嘉賓，不論是我們學校的朋友，或是外面的朋友，如果沒有你們，堪布也沒辦法講法，所以你們很重要，要感謝大家。

其實堪布的著作很多很紅，多年前我在國內就有機緣接觸，並請了不少法本。堪布的著作、演講，我們都看了很多、聽了很多。今天我很高興，終於可以見到堪布本人，大家也有這種感覺是不是？

（甘會長為了便於有些人聽懂，又用國語表達了一遍。）

不行，長話要短說，不希望把時間耽誤在我這邊。不然的話，我叫他們錄影了，拿回去放給國內朋友看的話，他們不曉得這個佛學會長在幹嘛。

我再次謝謝各位來聽演講，也謝謝堪布來給我們演講，我的講話完了。好，下面請堪布為我們正式演講——

大家好！很高興來到香港理工大學。剛才進了你們校門，在甘會長和幾位老師的帶領下，我參觀了一下這裡的建築。看完之後，覺得非常親切，為什麼呢？因為這裡建築的風格、顏色跟我們寺院十分相似。聽說它拷貝於英國

怎樣面對痛苦——香港理工大學演講

38

劍橋、牛津的建築模式，帶有工業革命時代的氣息，給人一種開放包容的感覺，也喻示著這所大學的人文精神。

佛教中常講「諸法因緣生，諸法因緣滅」，世人也喜歡說「有緣千里來相會，無緣對面不相識」，因此，我們能在這裡聚會，並不是無因無緣的。這種因緣，應該是源於在座師生對佛教的信心與敬仰，所以才衍生了今天的交流主題——「怎樣面對痛苦」。

痛苦，是我們每個人都不陌生的字眼。在這個世間上，痛苦可謂多之又多。我本人雖然也沒有出離痛苦，給你們誇誇其談不一定合適，但畢竟自己從小對佛法就有興趣，多年來依止善知識，在學習、研究、修行上下過一番功夫，所以從某個層面來講，也可以簡單匯報一下自己的心得。

一、人類痛苦的分類

三界六道中，痛苦的分類比較多。拿我們人類而言，就有苦苦、壞苦、行苦這三大根本苦，以及生、老、病、死、求不得、愛別離、怨憎會、五陰熾盛等八大支分苦。

印度偉大學者聖天論師，還將人類的痛苦歸攝為兩種：身苦與意苦。如頌云：「勝者為意苦，劣者從身生，即由此二苦，日日壞世間。」意思是說，上等人的

仁波切香港大學問答錄II——心淨國土淨

痛苦，是心理上的苦受，比如工作壓力、競爭憂慮、「高處不勝寒」的辛酸等；小人物的痛苦，則是身體上的苦受，比如缺衣少食、超強度勞動等。由此兩種痛苦，恒時不斷地損惱著芸芸眾生。所以，世間上有錢的也痛苦，沒錢的也痛苦。

過去，不少人以為有錢就會帶來快樂，但後來有了錢以後才發現，快樂並沒有如期而至，痛苦卻反而層出不窮。對此，美國蓋洛普民意調查所就用數據作了證明：按100分為滿分的話，中國消費者在1994年的幸福指數是69分；1997年最高，達到71分；十年後2004年卻降到了67分。這說明了什麼？說明在過去的十年裡，隨著經濟的不斷發展，人們剛開始覺得很幸福，但過不了多久，幸福指數就日漸下挫，最後還不如沒錢的時候幸福。

不說全世界，僅僅是中國的話，據統計每年就有28.7萬人死於自殺，200萬人自殺未遂，相當於每兩分鐘就有一人自殺身亡。可見，現在許多人雖然穿得漂漂亮亮，看起來也開開心心，但實際上，他們內心中一直被許多痛苦所迫，壓得喘不過氣來。

二、認識三界皆為痛苦的本性

不過，人生在世，苦多樂少也是難免。假如你不相信，可以看一下《中觀四百論》的前八品，裡面就專門

講了世俗諦中的各種痛苦。看完之後你就會明白，人生的苦可謂無處不在，誠如佛陀在《法華經》中所云：「三界無安，猶如火宅。」

當然，有些人可能不太贊同：「誰說人生皆苦？我就過得很快樂。」以前有個特別愛喝酒的人，就跟我說：「你們講輪迴痛苦，其實不苦，我天天喝酒特別舒服。」但你酒醉後產生的快樂，是一種瘋狂失常的顛倒意識，根本不算是真正的快樂。

美國史學教授達林（Darrin M. McMahon），曾寫了一本書叫《幸福的歷史》。他花了六年的時間，引用大量歷史資料，去研究人類的幸福到底是什麼？到底什麼能給我們帶來幸福？最終他得出來什麼結論呢？「如同神話裡盛過基督寶血的神杯一樣，極致幸福也可能只存在於我們的想像當中。」換句話說，真正的幸福是得不到的。這種觀點，可以說與佛教中講的「三界無安」不謀而合。

所以，人生本來就充滿痛苦，這一點大家必須要認識到。否則，很多人、甚至是一些佛教徒，遇到一點挫折就怨天尤人，抱怨老天不公平，「為什麼我這麼倒霉，所有的不幸全落到了我的頭上」，卻不知輪迴的本性即是如此。

也有人認為：「輪迴中並非全是痛苦，應該也有一些快樂。」話雖不錯，但實際上，這些快樂都是暫時

的、無常的，隨時可以變成痛苦。所以，我們的快樂，就像一塊藍布上的小白點，只是偶爾的點綴，卻不是人生的底色。

此外，還有人認為，快樂存在於感官之上，比如身體的接觸、悅耳的聲音、漂亮的東西，這些都可以帶來快樂。但這種快樂特別膚淺，有時候通過藥物也可以獲得。真正的快樂，其實來源於內心，要想離苦得樂，就必須從內心下手，用大乘佛教的良藥，徹底拔除痛苦的根本。

三、人們解除痛苦的不同方法

那麼，具體怎樣拔除痛苦呢？

1、低劣的世間方法

首先講一下世間人除苦的錯誤方法。有些人在特別痛苦時，拼命地酗酒、抽煙、吸毒。我就認識一個佛教徒，他說自己的煙酒戒不了，為什麼呢？因為他心裡很煩躁時，就會躲到咖啡廳裡吞雲吐霧，再去舞廳借酒消愁。他覺得一醉可以解千愁，但真的能這樣嗎？並非如此。這只會讓自己越來越愁，一旦清醒過來，事情仍然要面對，想躲也躲不掉。

還有些人，心情不好了就去邪淫，或到卡拉OK亂

怎樣面對痛苦——香港理工大學演講

吼，或者打麻將、花天酒地，這些無疑都是一種逃避。

還有些人，把痛苦的事都寫在紙上，然後點火燒掉，看著紙上的字一點點灰飛煙滅，感覺痛苦也隨之消失。但這相當於迷信，也沒有多大意義。

還有些人，到山谷裡大喊大叫，或者用頭使勁撞牆，甚至把家裡的鍋碗瓢盆全部砸爛，這樣發洩一通才覺得輕鬆。

更有甚者，還會以殺人取樂。前不久在美國，一個17歲的孩子就把父母殺了。在雙親遺體仍在房內的情況下，通過facebook邀請40到60名青少年來到家中，通宵喝酒進行狂歡。

或者，有些人失戀以後，要麼自殺，要麼把愛人殺了，如果實在找不到愛人，就找些樣子相似的人代替。聽說某地就有個大學生，因為自己失戀了，就專門殺一些穿紅衣服、長髮披肩的女學生，以此來報復前女友對他的無情拋棄。

2、中等的世間方法

稍微好一點的人，在遇到痛苦時，則會遊山玩水，或者找有智慧的人聊聊天，或者作一些心理咨詢，或者看看《心靈雞湯》等勵志的書。

《心靈雞湯》是個美國人寫的，前幾年比較轟動，裡面講了很多哲理小故事，看的時候比較舒服，但看完

仁波切香港大學問答錄 II——心淨國土淨

以後，不像佛教那樣有特別深的竅訣，可以根除自己的煩惱。不過，這也是一種方法吧。

通過這些方法，就像吃了止痛片一樣，可以暫時壓制痛苦，讓它不再折磨自己。但這終究治標不治本，要想從根本上解決問題，最好的方法莫過於學佛。

3、最殊勝的佛教方法

所以，我今天想將自己所了解的佛法，與你們分享，大家通過這些方法，很容易消除內心的痛苦。即使有些習氣根深蒂固，無法一下子完全斷除，但只要持之以恒經常串習，痛苦也遲早會離你而去。

什麼方法呢？下面就介紹幾種：

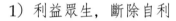

1）利益眾生，斷除自利

當你特別痛苦時，首先要認識到痛苦的來源是我執，也就是自私自利的這顆心。相信各位都很清楚，一旦你遇到困境而痛不欲生時，為眾生痛苦的應該寥寥無幾，為自己痛苦的可謂比比皆是。所以，要想斷除一切痛苦，就先要斬斷它的來源；而要想斬斷它的來源，大家理應學習一些佛教經論，以大乘的無我精神改變自私自利的心態。

以前就有不少這樣的人，剛開始因為各種事情特別苦惱，但後來學了大乘佛法以後，經常做些有利於眾生

怎樣面對痛苦——香港理工大學演講

的事情，比如搞慈善、做義工，原來的痛苦不知不覺就消失了。所以，第一個斷除痛苦的方法，就是要利益眾生。假如你有大乘的慈悲心、菩提心，那是再好不過了，但即使沒有，至少也應具有仁愛的傳統道德，它也是挽救人類的妙藥之一。

1988年，曾有75位諾貝爾獎獲得者，在法國巴黎召開了一次歷史性的會議，探討了21世紀科學的發展與人類面臨的問題。最後，他們共同發表了一個宣言：「如果人類要在21世紀生存下去，必須回到2500年前去吸取孔子的智慧！」

然而遺憾的是，國外對中國文化抱有很大希望，但這個時候的中國，孔孟思想卻遭到了史無前例的破壞。記得在我小時候，大概是1974年，全國就開展了「批林批孔」運動。為了防止否定「文化大革命」，害怕某些人以儒教思想來復辟反黨，四人幫對孔子的思想進行了批鬥。儘管這個運動不到半年就結束了，但它的後遺症卻相當嚴重。從那時候開始，中國的傳統文化便一蹶不振，即使現在許多有識之士想力挽狂瀾，但它就像個奄奄一息的病人，想完全恢復過來非常困難。

昨天在中文大學的研討會上，我看到很多年輕人，除了對佛教感興趣之外，對弘揚傳統文化也有一定的積極性。為什麼呢？因為這些傳統文化，如今在別的國家被推崇備至，而在自己的國家，卻備受冷落。像「孝順

仁波切香港大學問答錄II——心淨國土淨

45

父母」、「尊敬師長」，這方面的美德往往都看不見了。好多老師自己都沒有受過這種教育，想教學生更是難如登天。如此一來，這些學生在什麼樣的教育中成長，他們的下一代也會受到什麼樣的影響。

所以，我們現在的教育內容，需要再三地完善，不能只追求一個分數就夠了。如今各個大學錄取的標準，只看分數的高低。其實，一個人考了多少分並不重要，他的人格才決定一切。有些人就算再聰明，但人品特別差的話，對社會也不會有利，反而貽害無窮。所以，培養人才一定要將「德」放在首位。

我就遇到過有些大學生，肚子裡明明沒什麼內涵，但傲慢心卻如山王一樣大，對佛教的態度非常輕視，口口聲聲加以批評。其實，佛教並不怕人批評，它所揭示的真理完全經得起任何觀察。可你若對佛教一竅不通，就斷章取義、信口開河，這只能暴露自己的淺薄無知，對佛教卻不會構成任何危害。

所以，教育一定要教學生怎麼做人，要培養德才兼備的人才。在中國古代，一個人到底能否得以重用，不但要看他的學問，更要觀察他的德行。假如他人格高尚、眾望所歸，即使學問不是很高，也會被委以重任；反之，倘若他沒有慈悲善良的心，縱然才高八斗、學富五車，或者精通佛教的三藏十二部，也不一定對天下蒼生有利。

怎樣面對痛苦——香港理工大學演講

因此，大家一定要明白「德」的重要性。如今聯合國總部的大廈中，就掛著孔子的一句話：「己所不欲，勿施於人。」然而，很多人懂不懂這個道理呢？當你受到生命威脅時，往往會貪生怕死，而你天天吃的動物，牠們又何嘗不是如此？所以，斷除自利、利益眾生，並不是口頭上說說而已，自己能否真正做到，這需要從很多方面觀察。當然，假如你真的做到了，則必定會斷除各種痛苦。

2) 苦樂皆轉為道用

我們遇到很大的痛苦時，佛教中還有一種方法，可以將它轉為道用。也就是說，本身這個事情是一種痛苦，但你可以不把它當作痛苦，而把它利用起來。

比如，無著菩薩在《快樂之歌》中講過，我們生病也可以，不生病也可以：生病的話，以此可消除往昔的很多業障；不生病的話，用這個健康的身體可以多做善事。我們沒錢也可以，有錢也可以：沒錢的話，可以斷除對財物的耽著；有錢的話，可用它來上供下施、積累資糧。有些出家人對錢沒什麼貪執，自然就有很多錢了，這時你也不必特別苦惱：「有錢了，我怎麼辦啊！」佛陀在《毗奈耶經》中講過，倘若你前世的福報很大，今生不需要勤作就腰纏萬貫，那就算是一個出家人，所住的房屋價值五百金錢，也是允許的；所穿的衣

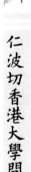

仁波切香港大學問答錄II——心淨國土淨

47

服價值一億金錢，也是可以的⑭。所以，無論發生什麼事情，苦也好、樂也好，我們都應該快樂。

其實，一個人若想獲得成功與輝煌，經歷各種痛苦也是必需的。愛因斯坦說過：「通向人類真正偉大境界的通道只有一條——苦難的道路。」所以，真正有智慧的人，根本不會畏懼痛苦，反而會將生活中的每一次磨難，都轉化成通往解脫的基石。

曾有個故事，就講了這個道理：從前，一個農民的驢子掉到了枯井裡。農民在井口急得團團轉，就是沒辦法把牠救出來。最後農民斷然決定：這驢子已經老了，這口枯井也該填起來了，不值得花太大精力去救驢子。於是就把所有鄰居都請來，開始往井裡填土。

驢子很快意識到發生了什麼事，起初，牠在井裡恐慌地大聲哀叫。不一會兒，令人不解的是，牠居然安靜下來了。農民忍不住朝井下一看，眼前的情景讓他震驚：每一鏟砸到驢子背上的土，牠都迅速地抖落下來，然後狠狠地用腳踩緊。就這樣，沒過多久，驢子竟然把自己升到了井口，在眾人驚訝的目光中，縱身跳了出來，快步跑開了……

怎樣面對痛苦——香港理工大學演講

---

⑭《根本說一切有部尼陀那》云：「佛言：汝等若以信心投我出家情求涅槃修淨行者。此諸苾芻所著衣服直一億金錢。所住房舍直金錢五百。所噉飲食具足百味。如是等事我皆聽受。汝並堪銷。」又《根本說一切有部百一羯磨》云：「佛言：我今聽許。諸有發心求涅槃人。來詣我所。修淨行者。所著衣服價直百千兩金。所住房舍價直五百。所噉飲食六味具足。此等供養悉皆銷受。」

48

實際上，生活也是如此。縱然許多痛苦如塵土般降臨到我們身上，我們也應將它統統抖落在地，重重地踩在腳下，而不要被這些痛苦掩埋。若能這樣，到了最後，我們定會像驢子逃離枯井一樣，從輪迴的苦海中徹底脫身。

關於將痛苦轉為道用的方法，藏傳佛教的噶當派中講了很多很多。我有個同學就學得不錯，他是一個領導，有次在競選某個職位時，他無動於衷，好像跟他沒關係一樣。旁邊的人見了都著急，勸他趕緊去做做工作。他回答：「沒事。萬一沒選上也很好，我正好有空精進修行；萬一選上了也很好，可以有更多機會利益眾生。不管結果如何，我都很快樂。」

但可惜的是，現在很多人不懂這個道理，經常患得患失，覺得這個不行、那個不行，有時候把順緣也變成了違緣。假如你能換個角度看問題，那什麼違緣都可以成為順緣，這就叫把痛苦轉為道用。貝多芬（Ludwig van Beethoven, 1770-1827）也說：「最傑出的人，總能用痛苦來換取歡樂。」

3) 修持自他交換

觀修自他交換，對消除痛苦也很有幫助。比如，當你重病在床、名聲受損、窮困潦倒時，可以發願：「輪迴中也有許多感受這樣痛苦的眾生，願他們的一切苦難

仁波切香港大學問答錄Ⅱ——心淨國土淨

都成熟於我身上。」然後當自己向外呼氣時，觀想自己的所有安樂，猶如脫下衣服給眾生穿上般，完全布施給他們；當向內吸氣時，再觀想把眾生的所有痛苦全部吸入體內，由自己來承受，以此他們都離苦得樂。

這是大乘佛教中甚深的修心教言。我們在遭受痛苦時，若能經常這樣觀修，所受的痛苦就有了價值，對自我的愛執也會日益減少。

4）以空性觀面對

假如你有空性見解，這是最好不過的了，以此可從根本上解決問題。為什麼呢？因為我們的一切痛苦，都是從分別念而來，而分別念則可依靠空性見斷除。聖天論師在《四百論》中也說：「虛妄分別縛，證空見能除。」

當然，所謂的空性，不一定非要證悟一地菩薩那樣的境界，但至少也要對「萬法皆空」稍有了解，所以，希望大家多學一下《中觀根本慧論》、《四百論》。尤其是有些年輕人，皈依佛門十幾年了，對佛教的道理卻一竅不通，只是隨便看幾本書，這樣的話，不一定是名副其實的佛教徒。

如今佛教徒有兩個誤區：一是很多知識分子研究佛教，不像藏地寺院的修行人那樣，在講辯著、聞思修上花很多時間，而是認為得個佛教碩士、博士的頭銜就可

怎樣面對痛苦——香港理工大學演講

以了。如此一來，他們對佛教的認識相當膚淺，寫的很多論文也沒什麼實在意義，可內心的傲慢卻與日俱增。二是有些信眾比較迷信，到處求灌頂、求加持，以為解脫有捷徑可尋。

其實作為佛教徒，若想真正深入佛教，必須要一步一步、踏踏實實地修學。現在世間的義務教育都要九年，讀完後也只是初中畢業，那麼博大精深的佛教，就更不可能用短時間通達了。要知道，佛教遠遠超過世間任何學問，假如你沒有系統地學習，光是辦個皈依證、求個灌頂，就自稱為佛教徒，這只是虛有其表、徒有其名罷了。

因此，佛教不像有些人想得那麼簡單，它既要實修，也要聞思，二者缺一不可。剛才我跟甘會長交流時，彼此都有一種共識：對於佛教，只是理論研究並不行，還要有實際修持；只是盲修瞎煉也不行，還要有理論依據，這兩者，任何人都值得下一番功夫。

話說回來，剛才也講了，假如你想消除自己的痛苦，就要對空性有所了解，聞思一些中觀方面的道理。尤其像《中觀根本慧論》，學了以後，百分之百對你有幫助。當年將佛法廣弘於人間的，就是這部論的作者——龍猛菩薩。以前我看過世間、出世間的許多書，但看了它以後，的確能對佛陀生起不退轉的信心。

所以，你們若想了解空性，最好是從《中觀根本慧

仁波切香港大學問答錄Ⅱ——心淨國土淨

論》入手。此論開頭的第一句就是：「不生亦不滅，不常亦不斷，不一亦不異，不來亦不去。能說是因緣，善滅諸戲論，我稽首禮佛，諸說中第一。」短短幾個字，便將萬法的真相揭示得淋漓盡致。不管是我們心的本性、痛苦的本性，還是外在萬法的本性，確實不生不滅、不常不斷、不一不異、不來不去。對此，龍猛菩薩從第一品到二十七品之間，進行了逐一剖析，任何一個科學家都沒辦法駁倒。

昨天中文大學有個教授問我：「對現在的大學生講一些佛教故事，他們不相信怎麼辦？」我說：「不用講故事，不然的話，他們聽慣了神話、看慣了動畫，很容易把佛教故事當成這些。若想引導他們認識佛教，就一定要從中觀和因明下手，先把他們的傲慢摧毀了，再講這些故事，他們才能體會到佛教的偉大。」

2009年7月，日內瓦「國際聯合宗教會」召開了一個會議，會上世界五大宗教為主的各大宗教、200位宗教領袖，通過投票的方式，一致表決佛教是「世界上最好的宗教」。在投票過程中，很多宗教領袖並沒有選擇自己的宗教，而是把唯一的一票投給了佛教。為什麼呢？因為在過去的歷史中，沒有一場戰爭是以佛教名義發動的，同時，佛教的慈悲提倡無偏利益一切眾生，它的智慧對萬法研究得極為透徹，這些都是佛教的不共特點。

我以前在復旦時，就引用了中國科技大學前校長的

怎樣面對痛苦——香港理工大學演講

一句話，他說什麼呢？「科學家千辛萬苦爬到山頂時，佛學大師已經在此等候多時了。」的確，不管是哪個領域的學問，在佛教中都揭示得極為圓滿。當然，有些佛教徒對此不了解的話，這只是他個人的問題，並不是佛教的過失。

尤其是佛教中的空性見，通過剖析「我」不存在，能徹底斷除一切痛苦。怎麼樣斷除呢？大家都知道，感受痛苦的「我」與所受的痛苦之間，是一種互相觀待的關係，離開了一者，另一者必然不存在。《中論》也說：「離法何有人？離人何有法？」現在有些人天天叫苦連天，但痛苦的「我」到底在哪裡？所受的痛苦又在哪裡？通過中觀正理一觀察，最後就會知道，痛苦根本不存在，只不過是自己的虛妄分別而已。

所以，我們如果沒有證悟空性，就很容易追名逐利，將各種虛妄耽著為實有。一旦你能像很多高僧大德那樣，依靠空性斷除了我執，那一切痛苦都會煙消雲散，開悟的境界會給你帶來不可言說的快樂。

5) 修持安忍

我們在感受痛苦時，還可以修一下安忍。安忍，就是世間人所說的堅強，有了它的話，面對痛苦就不會輕易屈服。

像美國總統林肯（Abraham Lincoln, 1809-

仁波切香港大學問答錄II——心淨國土淨

1865），終其一生都在面對挫敗：八次競選、八次落敗，兩次經商、兩次失敗，甚至還精神崩潰過一次。好多次他都可以放棄了，但他並沒有這樣做。也正因為這種堅強，他才成為美國歷史上最偉大的總統之一。

還有，美國著名的盲聾女作家海倫.凱勒（Helen Keller 1880 -1968），也用她堅強的一生，締造了不可思議的奇蹟。

居里夫人（Maria Sklodowska-Curie，1867-1934）曾說：「我的最高原則是：不論對任何困難，都決不屈服。」她的傳記中也記載，當年她在求學時非常貧窮，經歷了許多常人難以忍受的苦行。因為營養不良，她一次次地暈了過去；天冷的時候沒有被子，只好把所有衣服都蓋在身上，最後冷得把椅子也壓到身上取暖。

藏傳佛教歷史上，有一位偉大的祖師叫龍欽巴。他當年在桑耶修行時，生活也非常清苦。他的全部家當就是一個牛毛口袋，每當下雪時，他就鑽進牛毛口袋裡。這個口袋，不但是他的被子、坐墊，還是他唯一的衣服。

提到「唯一的衣服」，我想起了護生短片中的一隻小狐狸，牠說：「我有件美麗的衣裳，一年四季穿身上。我一輩子只有這麼一件衣裳，是媽媽生我的時候送我的，我從此天天穿著它，晚上睡覺也不脫。人呀，我的衣裳只一件，而你的衣櫥已滿又滿。我的衣裳是我的

怎樣面對痛苦——香港理工大學演講

毛皮，失去毛皮，我只有血肉一團。你的衣服可以一天三換，我衣服脫下，就命喪九泉。」

確實，人類如果不穿動物皮，實際上還有很多衣服可穿；如果不吃動物肉，也還有很多蔬菜可吃。有些人吃一塊肉不覺得什麼，但你可曾想過，這隻動物只有這一塊肉，你吃了的話，牠就會因此而喪命？現在西方國家有不少保護動物組織，我們這邊雖然不多，但每個人最好能從自己做起，真正去關愛所有的動物。比如，你以前特別愛吃肉的話，以後盡量少吃一點，這也算是一種「安忍」。

6）麥彭仁波切的「心情愉快法」

藏傳佛教中還有個實修法，可以消除我們日常生活中的痛苦，讓我們保持心情愉快。

方法很簡單：首先雙目直視虛空，不執著一切而自然放鬆，心胸盡量放大，在這樣的境界中坦然安住。然後念誦「達雅他 嗡 措姆迷勒那 德卡踏 索哈」，這個咒語念7遍、108遍都可以。如此觀修，有助於我們天天好心情，人際關係趨於改善，許多不順迎刃而解。

這個修法，我也修過一段時間，效果確實非常好。當然，你沒有信心的話，效果也不一定很明顯，畢竟修任何一個法，信心都特別關鍵。有些人認為這不理性，其實你如果過於理性，許多甚深領域就難以涉入；而太

仁波切香港大學問答錄Ⅱ——心淨國土淨

過感性的話，這也是一種極端。有些搞學術研究的人，對「信心」、「加持」統統否定，一提起來就嗤之以鼻，除了自己的分別念，什麼都不相信；而有些人又太過盲目迷信，對理論從來不去研究，這也是不合理的。所以，若想認識這個世界的真相，我們應當住於中道，不墮兩邊。

剛才的修法可以讓我們心量放大，如果換個視角看問題，就不會死執於一點了。以前有一位畫家，他在白紙上畫了個黑點，然後裝在相框裡。許多人看後眾說紛紜、莫衷一是，不知道這究竟代表什麼。其實它的意義很深刻：眾生執著於一點時，往往會忽略很多很多，全然不覺還有大片的空間。

比如說，你今天被人罵了、無端遭人誹謗，可能會一直耿耿於懷，午飯都吃不下；或者你父親死了，感情遇到了挫折，就覺得天崩地裂、日月無光。其實在這個世間上，本來還有許多事物能帶來快樂，但你若只執著這一點，圍著這個黑點團團轉，沒有發現大片的白紙，就會感到痛苦萬分、難以釋懷。

原來我認識一個人，因為家庭出了點問題，她就不想活了，於是在成都包了個車，跑到了壤塘的大草原。這個草原特別廣闊，十幾公里都看不到邊，她下了車以後，打發司機走了，就在那裡大聲叫喊，發洩內心的痛苦。結果喊著喊著，她看看天空無邊無際，草原如此廣

闊，心也隨之開朗起來。她覺得自己就像一隻小螞蟻，拼命執著一個小小的窩，這有什麼意義呢？明白了這一點後，她當下就放下了，痛苦也銷聲匿跡了。所以，內心的執著是一切痛苦的來源，一旦把這種執著看破了，痛苦也就不再束縛自己了。

對於痛苦，古往今來很多大成就者，並沒有當作一回事。《入行論》中也講了，這件事情尚有轉機的話，你用不著痛苦；沒有轉機的話，那痛苦也無濟於事⑮。這個道理說得非常好，比如你父母死了，如果有辦法讓他們活過來，那你沒必要痛苦；倘若已經無力回天了，你再哭又有什麼用呢？不過，真正能這麼想的人，現在可能沒有幾個。

當然，我並不是說自己就是這樣的人，在生活中遇到什麼都能坦然面對。但我通過長期學習大乘佛法，現在看到家人死了，跟以前的心態完全不同。這一點，在你們這麼多人面前，我也不會說妄語。所以，希望大家以後遇到痛苦時，最好也能從佛法中尋找解脫方法，沒有必要去自殺，或者吸毒、吃搖頭丸。這些亂七八糟的東西，吃了對你身體不好，不要嘗試用這種方式逃避，而應該看一些佛書，聽一些真正的高僧大德的開示，深入了解佛法的意義，如此才能治本，而不是治標。

仁波切香港大學問答錄Ⅱ——心淨國土淨

---

⑮《入行論》云：「若事尚可改，云何不歡喜；若已不濟事，憂惱有何益？」

現在不少人也有這樣的體會：原來自己沒有學佛時，做的很多事情非常無聊。但學了佛以後，才明白人到底為什麼而活著，以此解決了很多現實問題，內心也感受到了快樂。這一切，都是金錢無法帶來的。

在座的很多老師、同學，你們當中，也許有佛菩薩的化現。如果有人真是聖者，那就另當別論了；但若是像我這樣的凡夫人，建議大家還是依靠聞思修佛法來對治痛苦，若能這樣，我敢保證，你的痛苦一定會消失無蹤。

7) 略說密宗不共的認識覺性

最後再介紹一種方法：密宗大圓滿的修行方法。當然，它的具體修法，你們要受過灌頂、修過加行才能聽。不過，以我個人體會的話，這個方法是最簡單、最直接的，不需要用中觀理論去觀察、分析，只依靠上師的一個竅訣，就可以認識痛苦的本性，當下將煩惱轉為菩提。

《六祖壇經》中也說：「煩惱即菩提。」這是禪宗、密宗中最深的竅訣，有信心的人才可以得到，而分別念重、邪見大的人，連法本都不讓看。現在有些人偷偷去看，但沒有上師接引的話，你看了也看不懂，只能看到一些表面文字，至於其中的甚深內涵，根本不可能觸及。

綜上所述，我剛才所講的解除痛苦的方法，是方方面面的，你們不一定要全部都用，畢竟每個人的根基不同，選擇適合自己的就可以。就像生了病以後，有些人吃中藥能好，有些人用按摩也行，有些人還可以打針，但不管選擇哪一種，目的都是為了斷除痛苦。

要知道，痛苦是由心而生，故也要由心而滅。若想靠金錢等外在物質來除苦，肯定解決不了問題。只有通過佛法「自淨其意」，也就是調伏自心，才能從根本上拔除痛苦。最後，希望我們今天的交流，能給各位稍微帶來一點利益，哪怕讓你減輕一瞬間的痛苦、獲得一瞬間的快樂，我覺得也值得了！

仁波切香港大學問答錄 Ⅱ──心淨國土淨

附：

香港理工大學問答

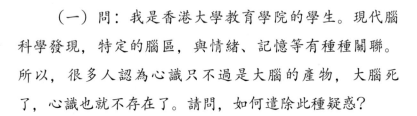

『 2011年7月29日晚上 』

（一）問：我是香港大學教育學院的學生。現代腦科學發現，特定的腦區，與情緒、記憶等有種種關聯。所以，很多人認為心識只不過是大腦的產物，大腦死了，心識也就不存在了。請問，如何遣除此種疑惑？

答：現在所謂的腦科學，只是對大腦的部分結構作了一些分析，至於心與腦之間的真正關係，科學界對此仍是一片空白。到目前為止，包括榮格的心理學在內，也沒有透徹觀察到內心的本質，且不說大乘密宗中揭示的道理，就算是小乘《俱舍論》講的心與心所之間的關係，他們也沒有弄得比較明白。

其實，「大腦死了，心識也就不存在了」，這種說法並不正確。沒有大腦卻能存活的人，目前已發現有數十位之多。以前六世達賴在傳記中也說，他還親眼看見過一個沒有頭的人活著，深感眾生的業力不可思議⑯。

⑯六世達賴倉央嘉措的秘傳中記載：「有一天到一戶人家裡歇腳，在他家中我看到了一個無頭之人。向其家人打聽原因，他們告訴我說，此人原先就患有頸項病，後來頭就斷掉了。這種情況已持續了三年，現在他依然活著。

正好，昨天晚上我也夢到一個人，頭放在這裡，身體在那邊，而且還會說話。當時我就跟旁邊的人講：「這個病人非常嚴重，趕快送到醫院去救。我可以出點錢，出多少都可以，畢竟事關一個人的性命。」早上醒來以後，不知道這是什麼意思，但至少我在夢中沒有生惡念，而是產生了一個利他心，還是挺不錯的，自己也比較歡喜。你今天就恰恰問了這樣的問題，可能是一種預示吧。

（二）問：仁波切您好，我代表一位美國朋友問一個問題。請問：佛法的傳承為什麼很重要？現代有先進的科學記錄手段，還需要強調傳承嗎？

答：佛法的任何一個傳承，包括戒律的傳承，都非常重要。

像我們藏地，比丘尼戒的傳承就歷來沒有，只有沙彌尼戒的傳承，所以女眾出家的話，便無法受比丘尼戒；而在漢地，這個戒律的傳承一直都存在。不過在藏地，《大藏經》和論著的傳承，始終完好無損地代代相傳，這是相當稀有的。

面對這個無頭人，我的悲心不可遏制地源源不竭生起，我就一直用悲憫的目光注視著他。不大一會兒，就見他開始用手捶打前胸，我便問他的家人他要幹什麼。有一人回答說此人餓了，要吃東西。這個無頭人儘管已沒有了頭顱，但他脖子上還留有兩個管道，家人就將用瓶子盛裝的糌粑湯順著管道倒下去，那湯已經調好，既不冷也不熱亦不寡味。他們倒一會兒就得停下來等上片刻，因倒進去的湯水會泛起泡沫。過了一會兒，當泡沫消散後就又接著往下灌，就像我們平常倒水那樣。慢慢地，瓶中的糌粑湯就給倒完了……」

那麼，這些傳承有什麼作用呢？可以起到加持承接的作用，也就是說，它能將佛陀的加持無有間斷地傳給我們，這對修行人來說至關重要。

　　其實，不單單是佛教強調傳承，包括世間也是如此。比如他們美國的總統，第一個是華盛頓，到現在是奧巴馬，這也算是一種傳承。既然世間的傳承都十分重要，那佛教的法脈就更不用說了。

　　（三）問：您剛說煩惱就是菩提，感受痛苦時要想到別人，不斷地發願、迴向，以此培養慈悲心，這樣就不再有痛苦了，對不對？

　　答：這要看每個人的修行功夫。

　　問：但這樣也會非常痛苦啊。比如看上師生病了，希望上師能夠馬上康復。

　　答：《寶性論》裡說了，真正的聖者超離了生老病死，身體上是不會有病苦的；但在眾生面前，出於某種利他的需要，上師也可以顯現生病等⑰。所以，弟子為上師生病而痛苦，是凡夫對聖者的一種擔憂。

　　問：那麼說，上師生病是為了度化我們，就像維摩

怎樣面對痛苦——香港理工大學演講

---

⑰《寶性論》云：「菩薩如實知佛性，解脫生老病死等，離生等貧由證因，悲愍眾生示生死。」

詰居士一樣？

答：如果上師是大成就者的話，是；但若上師是凡夫人，那也值得弟子關心。（眾笑）

（四）問：動物是有生命的，吃牠是一種不好的行為。但植物也是有生命的，我們吃了的話，會不會也像吃動物一樣不好呢？

答：這個問題，我昨天在中文大學那邊也講過。佛在《涅槃經》中說：「眾生佛性住五陰中，若壞五陰名曰殺生。」所以，五蘊聚合的生命，才有真正的痛苦。動物就有這樣的生命，而植物，雖在外境的刺激下會產生某種反應，比如動搖、生長、死亡，但它並沒有真實的五蘊。假如認為植物也有動物或人一樣的生命，那佛在《楞嚴經》裡說了，若許「十方草木，皆稱有情，與人無異」，則墮入外道，「迷佛菩提，亡失知見」。

現在很多人覺得植物與動物完全一樣，這樣的觀點大錯特錯。包括有些大學老師也分不清楚，這是相當遺憾的。以前郭沫若翻譯過一部很厚的書，叫《生命之科學》，我也曾看過，裡面就講了很多生物學的知識，但也沒有把動物和植物的生命分開。

按照我們佛教的觀點，你今天割一根草，跟殺一頭

仁波切香港大學問答錄Ⅱ——心淨國土淨

牛有很大差別。殺牛是摧毀了有情的生命，這有極大過失；而割草的話，並沒有殺生的過患。

有些人可能會說：「佛教裡不是講了嗎，對動物不能損害，對草木也不能損害。」這種說法雖然是有，但意思並非完全相同。就像你去殺人和砍伐森林，儘管二者在法律上都不允許，但定罪還是有天壤之別。同樣，我們殺了動物的話，必定會墮入地獄；而砍一棵樹的話，則不會墮入地獄，只是有輕微的過失。

所以，在這個問題上，大家一定要弄明白。為什麼我一直強調佛教徒必須要學習佛法？原因也在這裡。現在很多人都認為「我吃肉也有過失，吃蔬菜也有過失」，對過失的輕重並沒有分。這樣的話，你偷金子也有過失，偷針也有過失，所有問題都一概而論的話，這是不合理的。

（五）問：我是香港中文大學的。佛陀當年正是看到眾生的苦，為了想辦法解決，才出家修行，最終成就了佛果。那我們學了佛以後，儘管也期望有一天能成佛，但現在的心力不像佛陀那麼大。在這個過程中，經常遇到痛苦怎麼辦呢？

答：經常遇到痛苦的話，容易生起出離心，把它變成一種成就的動力，這就叫將痛苦轉為道用，此舉對我們修行人來講非常重要。

在藏傳佛教中，很多大德並不希望成天順順利利，否則，修行就沒什麼進步了。作為大乘修行人，一旦遇到敵人、生活中出現不順，絕不會像世間人一樣痛苦，而是像拾到了如意寶般開心，以此可檢驗自己的修行境界如何。猶如高明的醫生，能將山上所有的草，都配成良藥，同樣，真正有修行的人，不管遇到什麼樣的痛苦，都可以把它轉為道用，變成解脫的一種助緣。

（六）問：我來自香港大學醫學院。我身邊有個很親近的人，我執很厲害。我也問過自己的上師，上師說她屬於串習比較重的，各種習氣很難一下子改變。但我還是希望能從佛法上幫助她，請問我應該怎麼做？是放任她而自己繼續修行，還是盡量用佛法去引導她？

答：怎麼樣去度化她，應該是你跟你上師兩個人的事情，讓我來說有點不合適吧。不過，我建議即使她的習氣很重，不能一下子就改過來，你也不應該聽之任之。

倘若翻開佛陀的傳記、大德的開示，我們就會明白，度化眾生並不是那麼容易的，只有通過長期的勸說，有些人才會逐漸生起信心、出離心、智慧。因此，你對她不應該放任不管，而需要不斷地努力。

作為一個大乘佛子，實際上身邊會有很多這種人，你說了一次兩次可能不起作用，但只要持之以恒，遲早

仁波切香港大學問答錄Ⅱ——心淨國土淨

他會被你感化的。有些人認為：「跟這種人怎麼講都沒用，簡直是白費口舌。」其實並非如此。人分為三種：一種是頑固不化的，誰說了都不聽，就算佛陀來了也沒用；一種是不用別人去勸，他自己就覺醒過來了；還有一種是，如果經常去引導他，他就有善根甦醒的機會，但你若是不努力，那就沒辦法了。《百業經》中也有很多故事說，某某眾生若沒遇到佛陀，就還要在輪迴中流轉五百世，但遇到了佛陀以後，即生就獲得阿羅漢果，解脫了一切痛苦。

所以，度化眾生不能避重就輕。其實，你如果有菩提心，就肯定願意度化眾生，將這種境界傳給身邊很多人；但你若對此什麼感覺都沒有，那可能就無所謂了。因此，作為一個佛教徒，居士也好、出家人也好，關鍵看你有沒有這種境界。有的話，就不可能獨吞這種精神食糧，而會很願意跟眾生分享，讓他們也擺脫一切痛苦。

現在的人類，確實很需要佛法來拯救，而且如今弘揚佛法非常應時，因緣很成熟，時機也相當殊勝，我們應該要多利益一些眾生。再過幾十年，你我都不一定在這個世上了，很多人也灰飛煙滅了，有些往生到極樂世界了，有些墮入地獄了。所以，在今生這個短短的時間裡，每個人一定要好好把握，用佛法的智慧去利益別人，真的遠遠勝過金錢上的幫助。

（七）問：現今這個繁忙的社會，人們的生活和工作壓力很大，特別像香港這樣一個國際化都市，競爭非常激烈，怎樣才能平衡各方面的壓力，獲得幸福感呢？

答：按照佛教的觀點，最好要學會知足少欲。若能如此，寂天論師說了⑱，這種遠離貪欲、自由自在的快樂，就連帝釋天王也很難享受到。

現在這個世界，很多人整天奔波忙碌，並不是真的缺少什麼，而是為了面子、為了名利。每個人都不擇手段地占有很多，以至於社會上的大部分資源，最後只流入極少數的富人手裡，這是一種非常大的浪費。

其實，一個人有了權力、有了財富的話，應該用於回饋社會，讓更多的人共同分享。若能有這樣一顆心，自己的壓力肯定會減少，幸福感也會與日俱增，整個社會才能真正體現出一種和諧。

（八）問：我本人信佛多年，但從來沒有系統學習過佛法。您能否給一個概括的指引，讓我們全面接觸到您所講授的佛法？

答：我講授的佛法，香港有個國際菩提學會，近兩

---

⑱《入行論》云：「離貪自在行，誰亦不相干，王侯亦難享，知足閒居歡。」

年來，對我所講的《入菩薩行論》、《大圓滿前行》、《藏傳淨土法》，以及般若方面的道理，每個星期天都在學修。今天在場穿著紅衣服的，好多都是國際菩提學會的。你如果希望系統地了解佛教，可以跟他們一起學習。我只有這個辦法了，否則，親自給你講的話，我也沒有這個時間，你的各方面因緣也不一定契合。

昨前天我看了一下，香港國際菩提學會的人比較少，但不管人多人少，我都是隨緣的。如果你想次第學佛，可以跟他們取得聯繫。以後我會給大家長期提供法本、光盤等，而且一般不收錢。

我們這個學會的原則，不是以募捐為主，不是以掙錢為主。當然，我也不是說弘揚佛法不需要錢，但之所以成立這個學會，主要是想讓大家清淨地學習佛法。我的發心也很清淨，不管到哪裡去，都只有這個想法。而我們學會的原則，也是給大家提供一個學習的機會，並沒有其他任何目的。所以，如果你願意學習，可以跟他們聯繫一下。

（九）問：我是香港城市大學的。5年前我斷了韌帶，一直很痛苦，這幾年沒有敢運動。幾個月前，我再做運動時，竟然又斷了同一條韌帶。為什麼我這個身體這麼弱，好像經常都有病，我該怎麼解決呢？希望您可以給我一點建議。

答：任何一種病，都要依靠中醫或西醫來治療，這是佛教也很提倡的。然後在這個基礎上，再應該調整一下自己的心態。

我個人而言，10年前得過強直性脊柱炎，很多醫生都說這沒辦法治，一輩子會非常痛苦，同時我還有肝炎、慢性胃炎。曾有一個醫生，看了我的檢查報告後說：「你這個人很倒霉！這麼多難治的病，全部出現在你一個人身上。」如果我沒有學過佛，可能心裡會非常痛苦。但因為學了大乘佛法，說實話，我並沒有把這些當回事，覺得這個身體再怎麼保養，遲早也會腐朽的，不管自己能再活多少天，都應該做些有意義的事情。

所以，當醫生看了我的報告後，說我可能活不了很久時，我就趕快在廈門找個地方，以閉關的方式翻譯《釋迦牟尼佛廣傳》。這部論沒有譯完之前，我很擔心中途會離開世間，如果能善始善終的話，我就沒什麼遺憾了，這些我在日記《旅途腳印》中也寫過。結果過了這麼多年，這幾個病奇蹟般地全部好了，現在就沒有什麼了。

所以，我們作為病人，不要老想著自己痛苦怎麼辦，不要太把它當回事。正如我剛才所說，生病也可以，不生病也可以。假如這個病總好不了，那是自己前世的業障，以此可觀想代眾生受苦。平時有這種心態的話，遇到什麼都會快樂。甚至到了一定時候，你的病會不藥而愈。退一步說，就算它好不了，這個世上也不只有你我會死，所有

的人最後都會離開。沒辦法，輪迴就是這樣。

（十）問：我是香港理工大學的畢業生，也是寧瑪巴佐欽傳承的。請問，立斷跟頓超有什麼分別呢？

答：立斷、頓超，實際上是大圓滿的兩大修法，又名本來清淨、任運自成。本來清淨，主要講了心的本體空性；任運自成，則是講了光明部分。修大圓滿時，這兩個要訣不可不知。但我們在具體修之前，必須要得過灌頂、修過加行。

關於這二者的區別，我在口頭上也會講，畢竟自己用了人生一半的時間，經常思維這些道理。但今天在座的人當中，有些對密法不一定有信心，有些連灌頂都沒得過，所以可能沒辦法說。但我以前翻譯過很多這方面的書，你最好是私下了解一下。

問：弟子非常喜歡法王如意寶，希望他很快乘願再來。可否請您傳一下他的祈請文，讓我們祈請他快點回來？

答：法王如意寶曾經也來過香港，當時他老人家去美國、去印度時，回來都經過這裡，住在白玉中心。剛才我路過理工大學的門口，他們給我指了一下白玉中心。本來我比較熟悉這條街，但現在香港變化太大了，

怎樣面對痛苦——香港理工大學演講

我都不認識了。剛才來的時候，我心裡也非常傷心，想當年法王如意寶還健在，現在卻離開了這個世間。

不過，法王如意寶離開時，只是說「暫時」不轉世，並沒有說「永遠」不轉世。所以，我也非常希望他老人家盡快乘願再來，度化無量無邊的眾生。

下面，我念一下法王的祈禱文：

涅慶日俄再愛香克思	自大聖境五台山
加華頭吉新拉意拉悶	文殊加持入心間
晉美彭措夏拉所瓦得	祈禱晉美彭措足
共機多巴破瓦新吉羅	證悟意傳求加持

巴美特這多傑德炯傑	蓮師心子降魔金剛尊
哲波南若利饒朗波嘎	化現列繞朗巴遊舞身
芒圖隆當熱波華吉協	多聞教證功德悉圓滿
晉美彭措夏拉所瓦得	晉美彭措足下誠祈禱
特傑功博辛拉釀拉耶	意傳密意加持入心間
特耶吉德這巴辛吉洛	心意融合一味祈加持

謝謝！

（十一）問：我是香港公開大學工商管理的碩士畢業生。我每年只有幾天時間，在深圳、廣州與上師會面

或開法會，從上師那裡學密法的機會非常少，這是一種痛苦。如果您是我的上師，會怎麼處理這個問題？

答：如果說、假設說我是你的上師，那麼我可能跟你悄悄地商量，看怎麼辦？（眾笑）

不過，你的這個問題，現在也比較普遍。尤其是有些上師的事業越來越大了，弟子親近他的機會就越來越少。你一年中跟上師在一起的時間，如果只有幾天的話，就不能把所有希望，都寄託在與上師見面上。

其實，與上師見面並不是很重要，修學上師所傳的法，經常看一些上師的法本、教言，這才是最關鍵的。親近上師固然好，但上師只有一個，弟子卻成千上萬，上師肯定很難讓所有人都滿意。因此，作為一個合格的弟子，應該不斷學習上師的教言，同時要精進地修行。

問：去年我恭請上師在廣州為約十個香港弟子講授佛法，共四個星期六、日，這樣做對嗎？是否應該主動向上師要求傳授密法，或者放生等等？還有什麼可以做的？

答：你們舉辦法會，具體情況怎麼樣，我也不是很清楚。但現在不管開什麼樣的法會，千萬不要做對佛教影響不好的事情，比如整天募捐，弄些不如法的形象，這樣不但對上師不利，對整個佛教也不利。

怎樣面對痛苦——香港理工大學演講

我們每個佛教徒，都應該對佛教負責任，對上師負責任，對自己負責任。有些行為在不信佛的團體中行持，假如很可能對將來弘揚佛法不利，就應該盡量地制止；而對弘法利生真正有利的，我們哪怕遇到生命危險，也要盡心盡力去做。

以前在「文化大革命」時，法王如意寶為了護持佛法，再危險的境遇也坦然面對。所以，法王如意寶傳承下的很多弟子，在弘揚佛法、利益眾生方面，還是有很堅強的意志。

我非常希望在座的佛教徒，也能做到這一點。現在的學佛環境這麼自由、開放，大家一定要好好珍惜，不但自己要對佛教有正信、正見，同時也應讓世人真正了解佛教的本來面目。這是每個佛教徒的責任，大家務必要在這方面下功夫！

（十二）問：我是香港中文大學的學生。作為漢地弟子，皈依上師時，無法像藏地弟子般，有多年的觀察，更多是隨緣皈依。倘若上師傳法皆如理如法，弟子就會對上師深具信心；可有時候，一些弟子知道上師置豪宅等事情後，就會有損對上師的信心。面對如此情況，我們應當怎麼辦？如何判斷上師的顯現？

答：我覺得，漢地弟子應該也有觀察上師的條件。你

73

們有時間，也有各種因緣，藏人有的，漢人為什麼沒有？

　　現在漢地很多人，聽說來了個上師，不經觀察就馬上依止、接受灌頂，這是很草率的。世間人選擇終身伴侶的話，也不可能在街上隨便抓個人就去結婚，而需要經過幾個月或一年的調查，至少了解一下他的家庭背景、性格如何。那希求生生世世的解脫比這更重要，觀察上師就更是必不可少了。所以，漢地弟子以前不觀察上師的做法，是很不合理的，今後大家應該像藏地弟子一樣，對於想依止的上師，要經過多方面的觀察。

　　如果你上師是具德善知識，真正對弘法利生有利，那他對豪宅、財富肯定不執著，而會視如糞土，就像以前蔣揚欽哲旺波的故事一樣⑲。我就遇到過一位上師，他在一個城市裡，別人供養了很好的房子。我跟他開玩笑說：「你現在有車有房子，跟世間人沒什麼差別了。」他笑笑回答：「說實在的，我對這棟房子的執著，還不如對我那個牛糞棚⑳的執著大。」我認識這個人，他並不是在說大話。所以，對有些上師來說，不管他有多少錢財，根本不像世間人那樣貪執，只是把它當成石頭一樣。像這種人的話，豪宅再多也無所謂，這個並不是很關鍵。

⑲華智仁波切曾以乞討的方式四處雲遊，他有一個木碗，伴他同甘共苦，他十分喜愛它。一次，華智仁波切去拜見上師蔣揚欽哲仁波切，見上師周圍眷屬雲集，房間富麗堂皇，裡面裝滿了金銀財寶，心想：「原來上師也很喜歡財物，這滿屋的珍寶，他一定很執著吧！」上師以神通照見了他的心思，一語中的地高喝道：「華智，不要想得太多！我對這室內室外財寶的執著，遠不如你對那木碗的執著大！」一句話使華智仁波切恍然大悟：修行人並不一定要過苦行僧般的生活，最重要的是要放下執著。
⑳在藏地，冬天取暖一般是燒牛糞，堆積乾牛糞的木棚就叫牛糞棚。

怎樣面對痛苦——香港理工大學演講

但有些所謂的「上師」，根本不具足法相，比一般世間人還差，整天都在為錢財而蠅營狗苟，各種行為完全不是在弘揚佛法。對於這種人，大家就一定要遠離。

如今漢地很多城市裡，有許多好的上師，令大家有皈依、學佛的機緣，倘若沒有他們的話，很多人會永遠沉溺在輪迴當中；但也有一些不好的上師，到了最後，他們的劣跡會暴露無遺。所以說，這個世間魚龍混雜，許多現象要擦亮自己的眼睛去觀察。

（十三）問：我是噶舉的弟子，參加網上學習可以嗎？不同傳承有沒有衝突呢？如果參加網上學習，要遵守哪些密乘戒律嗎？

答：可以參加網上學習。網上的這些課程，只講了《入菩薩行論》、《大圓滿前行》等，並沒有講到密宗的不共修法，故沒有涉及密宗戒律。

佛教各派，不管是噶舉、薩迦、寧瑪、格魯，都是圓融一味、互不相違的。以前在香港，有些不同宗派的弟子，包括一些佛教中心之間，互相都有衝突，這是很不好的。不管你學哪個教派的法，首先都要發菩提心，中間積累資糧，最後成就佛果，這些理念完全一致，並不分什麼你我。

所以，大家在學佛時，心胸應該放大。甚至對於其

仁波切香港大學問答錄Ⅱ——心淨國土淨

他宗教，也不能隨意排斥。我們修自己的就可以了，用不著去詆毀他宗，彼此間應當求同存異、和睦相處。

（十四）問：我是香港理工大學的職員。我剛出來工作不久，工作很忙，又要靜修一些佛法，總覺得時間不夠用。請問上師，是不是我學佛的誠意不夠呢？您有沒有什麼好的建議？

答：就算我們平時特別忙、有一些生活壓力，至少也應該在早上起來時，對上師三寶磕幾個頭，念誦百字明等簡單的咒語；白天不管做什麼事情，哪怕沒有修行和念經的時間，但坐車也好、出門也好，一切行為都應以一顆菩提心攝持，盡量想到利益眾生；然後到了晚上，可以反省一下今天的所作所為，看有沒有害過眾生？有沒有一顆善心？有的話，就把這個功德迴向一切眾生。這即是大乘經常講的「三殊勝」教言。通過這種方式，即使你工作再繁忙，慢慢日積月累的話，功德也會積少成多、水滴石穿。

（十五）問：我是香港理工大學的博士生。我們這個世界，是釋迦牟尼佛的剎土。佛的剎土一般都很美好，但我們這個世界並不美好，甚至充滿了痛苦，這是否意味著釋迦牟尼佛在因地時沒發好願呢？

76

答：不是。《白蓮花論》中講了，釋迦牟尼佛在因地時，發下了五百大願。當時在一千位發願者中，釋迦牟尼佛和另一個人發的願最殊勝。為什麼呢？因為其他發願者都選擇了清淨剎土，而釋迦牟尼佛看到濁世眾生非常可憐，於是就選擇了這個特別惡濁的剎土。佛經中專門有一部《白蓮經》，就記載了這些白蓮花般的發願，說釋迦牟尼佛的五百大願超過了千佛的大願。

對我而言，經常都會憶念釋迦牟尼佛的恩德，若不是他發願攝受濁世眾生，我們這些末法時代的人，又豈有機會得到度化？所以，我們一定要感恩大慈大悲的釋迦牟尼佛！

（十六）問：我是香港理工大學的學生。謝謝您剛才與我們的精彩分享，您可否再同我們分享一下，到目前為止，您人生中遇到的最大痛苦？然後您是怎麼面對它的？

答：我是1962年生的，現在快50歲了。回顧自己的人生，我小時候讀書很晚，15歲才開始上小學，之前一直是文盲，天天放犛牛。當時我弟弟不肯去學校讀書，家人害怕被罰款，實在沒辦法，就把我送去替弟弟讀了。到現在，弟弟也常跟我開玩笑說：「我對你的恩德很大，否則，你一輩子只是山上的牧童，不會有讀書的機會。」

我沒有上學之前，一直都在放牛，有時候犛牛丟了，

仁波切香港大學問答錄Ⅱ——心淨國土淨

或者被狼吃了，我就不敢回家，心裡非常的痛苦。

之後，我在學校裡讀書時，沒有評上什麼，或者因為一些摩擦，跟別的孩子打架輸了，這個時候也很痛苦。

後來，出了家以後，到現在二十多年的時間裡，我把全部精力投入學佛，一直看書、一直禪修。在這個過程中，我好像想不起來有什麼痛苦。

我在1985年出家，2005年我們師範的同學開了個同學會，在所有的同學中，只有我們兩三個出家人。當時每個人講了自己這20年的經歷，有些同學結婚了，有些離婚了，有些結婚了但兒子死了，丈夫死了……這樣那樣的痛苦特別多，好多女同學都是邊哭邊講的。但我們幾個出家人，確實沒有特別強烈的痛苦，到目前為止仍是如此。

我自身的話，一出家就依止法王如意寶系統聞思，明白了中觀空性和大乘佛教的利益，再加上周圍的環境也很清淨，所以記不起來有什麼痛苦。後來，雖然我父親死了、親戚死了，但這些在我的人生中，好像沒有感覺是一種痛苦。所以，佛教真的對消除痛苦非常有力，這並不只是口頭上說說。

（十七）問：往生極樂世界，是不是一定要證悟空性智慧呢？帶業往生，是否也要證悟空性？

答：不一定先要證悟空性才能往生。依靠阿彌陀佛

的發願力，帶業往生之後，可以在極樂世界證悟空性，然後獲得菩薩的果位，度化眾生。

（十八）問：我平時看了很多佛教的哲學，對四法印也有一些了解。但我在工作中被人批評、感到壓力時，這些道理有時候用不上，怎樣才能使我的情緒不會過多被環境影響呢？

答：平時你在工作中，受到領導批評或別人謾罵時，可以把它當成一種空谷聲，這在《虛幻休息》以及阿底峽尊者的教言[21]中都有講。

或者，也可以把別人的謾罵，當成讚歎自己的語言，這也是一種境界。以前在釋迦牟尼佛面前，有人讚歎他、有人誹謗他，但佛陀對所有的毀譽都一視同仁，並不會被環境所轉而感到痛苦。

尤其是你不能全部學完《入菩薩行論》的話，學一下其中的《安忍品》，也是很好的。國外許多大德在講《入行論》時，經常只講一個《安忍品》。你若能學一下這裡面的內容，以後遇到什麼樣的痛苦、不公平的待遇，都可以忍受。在這個充滿五欲六塵的世間上，也會活得比較開心。

仁波切香港大學問答錄Ⅱ——心淨國土淨

---

[21]阿底峽尊者在《菩薩寶鬘論》中云：「若聞逆耳之語時，當視猶如空谷聲。」

同時，我希望大家學佛的話，不能只停留在名相上。有些人雖然是佛教徒，但對佛教的道理沒有怎麼去修，這是不合理的。你要當個佛教徒的話，還是要有一點實質，不能完全是一種空架子。

假如你想修持佛法，就應當從皈依、發心等加行開始修，這些簡單的法修好了，再修高深的法才比較穩妥。然而，現在很多人不是這樣，他們非要先求高深的法，然後進入簡單的法，就如同先讀博士、再去讀小學一樣，順序已經搞錯了。

主持人結語：

因為時間的關係，今天晚上的現場提問就到此結束！

相信大家一定感到很有收穫。倘若你意猶未盡，可以通過網站或微博，繼續與堪布溝通、交流。如果你對堪布傳授的佛學內容感興趣，可以參加國際菩提學會的課程。大家手上的簡介，就有堪布的網址和國際菩提學會的聯絡方式。

最後，讓我們起立，再次以最熱烈的掌聲感謝索達吉堪布！歡送堪布離場——

怎樣面對痛苦——香港理工大學演講

淺談佛教無常觀
—— 香港三德弘法中心演講

『2011年7月31日晚上』

頂禮本師釋迦牟尼佛！
　　　　無上甚深微妙法　　百千萬劫難遭遇
　　　　我今見聞得受持　　願解如來真實義

　　尊敬的各位法師、各位佛友：
　　晚上好！今天我們聚集在三德弘法中心，談一談佛教的無常觀。

一、觀修無常的重要性

　　無常，在每個人每天的生活中，都扮演著重要角色。對於經常觀修的人來講，無常實際上並不遙遠，從身邊發生的每一件事情中，都可以找到它的影子。所以，我們懂得無常、觀修無常極為關鍵，它是一切修法的重中之重。

　　《涅槃經》中云：「一切眾生跡中，象跡為上；是無常想亦復如是，於諸想中最為第一。」意思是說，在一切眾生的腳印中，大象的腳印是最好的，同樣，在所有思維觀想中，觀修無常最為殊勝。此外，佛陀在其他

仁波切香港大學問答錄II——心淨國土淨

經典中還說：對舍利子、目犍連那樣的一百位聖眾作大供養，不如剎那憶念無常的功德大㉒。

既然觀修無常如此重要，在座各位都是學佛的，那對佛教這個最根本的竅訣，就不能掉以輕心、隨意忽略了。

其實，我們周圍發生的一切，都是開示無常的善知識。記得在1993年，法王如意寶來香港給大家傳過「普巴金剛」（又名「項袋金剛橛」）、「文殊大圓滿」的灌頂，而如今，上師已經示現了圓寂；當時白玉中心有一位秋扎喇嘛，前兩天我到香港時，聽說他老人家也圓寂了；當時貝諾法王還健在，而現在也圓寂了；還有，最近藏地的阿秋法王也圓寂了……這些都說明什麼呢？高僧大德們尚且會示現無常，我們這些凡夫人就更不用說了。

今天在座的各位，再過二三十年，肯定會紛紛離開世間，而且一百年之後，我們絕對會一個不留，這是人生的必然規律。因此，希望大家通過認識無常，能斷除對現世的執著。宗喀巴大師在《三主要道論》中也講過，觀修人身難得、壽命無常，可以斷除對今生的貪戀；觀修輪迴過患、因果不虛，則可斷除對來世的耽執㉓。若能徹底斷除這些執著，才能依次生起出離心、菩提心，成為真正的修行人。

㉒《毗奈耶經》云：「我之眷屬中，猶如妙瓶者，比丘舍利子，及目犍連等，於如是百人，供齋與供物，不如一剎那，憶念有為法，為無常殊勝。」
㉓《三主要道論》云：「人身難得壽無常，修此可斷今生執；無欺業果輪迴苦，修此可斷後世執。」

你們有些人可能皈依佛門很多年了，有些則是剛剛皈依，還不知道什麼叫無常觀。但不管你知道也好、不知道也罷，無常都是世間的真理，是誰也改變不了的客觀規律。

二、無常的具體體現

佛教中的無常，主要體現在四個方面，即我們常說的「無常四邊」——「積際必盡，高際必墮，聚際必散，生際必死。」這四點，很多佛教徒都會講，但不知道你們觀修過沒有。如果沒有的話，那只是一種文字上的了解，其甚深涵義卻很難以挖掘。

這「無常四邊」，實際上在我們生活中隨時都可以體現：許多人一輩子辛辛苦苦積累的財富，到頭來卻全部耗盡；有些高樓大廈非常雄偉，結果卻一下子坍塌，像美國世貿中心110層的雙子大廈，遭受恐怖襲擊後，一號樓倒塌僅用了10秒鐘，２號樓也僅用了８秒鐘，這麼高的建築物，尚且難抵無常的摧毀，其他建築物就更不用說了；還有些人原本高高在上、不可一世，過了幾年以後卻身敗名裂；人只要有生，就必定有死，有些是年輕時死，有些是壯年時死，有些是老年時死，有些是突然暴死，死期雖然不定，但都難免「死路一條」。即使很多人渴望長生不老，這方面秦始皇堪為典範，但他最

仁波切香港大學問答錄Ⅱ——心淨國土淨

後也是49歲就撒手人寰。

　　既然萬法皆無恒常性，那對現在擁有的一切非常耽著，又有什麼意義呢？若能明白這個道理，對生活、修行就會有很大幫助。否則，對無常一點認識也沒有的話，修什麼都容易成為人天福報之因。

　　現在的香港，跟十年前比起來，在建築方面、物質方面，可謂突飛猛進、日新月異，但在佛法的學修上，似乎沒有一些前所未有的進步。很多人十年前就喜歡求灌頂，拜佛只求發財升官、平安健康，十年後好像仍是如此。其實佛教的根本，並不是求一些世間法，否則就跟其他宗教、世間理論沒有兩樣了。那麼，我們學佛的目的是什麼呢？是看到三界眾生非常痛苦，在這個輪迴中，苦占絕大多數、樂只有極少數，故希望拔除自他一切眾生的痛苦。

　　而根除痛苦的方法，唯一在佛教中才有。為什麼呢？因為只有佛陀才具有十力、四無畏、十八不共法。就如同愛因斯坦發現相對論、諾貝爾發明炸藥，依靠的是一種不共的智慧，同樣，本師釋迦牟尼佛也是依靠不共的殊勝功德，才發現眾生以無明而流轉輪迴，只有斷除了無明，才能徹底獲得快樂。所以，若想讓一切眾生離苦得樂，就必須依靠佛教中的「內明學」。

　　因此，我希望在座的佛教徒，尤其是一些年輕人，學佛不能只為求福報，求佛保佑自己身體健康、家庭和

淺談佛教無常觀──香港三德弘法中心演講

合、財源滾滾、官運亨通……其實，就算佛陀加持你得到了這些，人生只有幾十年，為了追求這短暫的快樂而耗盡一輩子，值不值得呢？所以，作為一個佛教徒，理應為了今世和來世而修行、為了自己和他人而修行。如果沒有這樣，那根本方向就搞錯了。

《諸法集要經》中講過：「有為皆無常，如水泡非久，應當行善行，為二世饒益。」這個教證我特別喜歡。世間上的任何有為法，不管是器世界的、有情世界的，沒有一個能恒常存在，全部都是無常的，像水泡一樣會迅速破滅。無論是你極為執著的感情，還是特別嚮往的榮華富貴，都不可能永遠不變。到了一定的時候，因緣一旦散了，果自然也就沒有了。

或許有人認為：「既然萬法都是無常的，生命過不了多久也就滅了，那我們應該及時行樂，沒必要去管太多。」這種想法不正確。生命跟身體完全不相同，儘管我們的身體會死亡，但生命卻會一直延續下去，遷流不斷地形成後世。

曾有一個人用比喻，說明了後世的存在，我覺得他講得很好。比方說，我用手機撥一個人的電話號碼，撥通了以後，我對著手機說話，聲波即刻被轉化為電波，然後通過衛星傳遞，將此傳送到對方的接收器中，再把電波轉為聲波，對方就可以聽到我的聲音了。

同樣，我們今生的身體死去時，生命便會與之分

仁波切香港大學問答錄 II──心淨國土淨

離，變成一種意識形態的中陰身，在中陰界中照樣存在，就像聲波轉化為電波一樣。然後過了一段時間，猶如電波再轉為聲波一樣，中陰身再投生為下一個身體，跟身體結合起來。在這期間，儘管有段時間並沒有身體，但生命卻一直沒有消亡。懂得了這一點後，就會明白眾生周而復始地流轉輪迴，死後並不會一了百了。

當然，在座的有些人，可能因為世間教育的影響，對生命的永恒存在，有點半信半疑，這對你的修行會有很大危害。因此，我提醒大家：一定要「學習」佛法！當你學得越來越多，懷疑、邪見才會越來越少，信心和智慧也會與日俱增。

三、怎樣理解生命無常

觀修生命無常，實際上有非常大的功德。即使你修不了很多法，天天觀這個也特別好。以前漢傳佛教的印光法師，就在自己的佛堂裡，掛了一個大大的「死」字，以此念念不忘死亡，時時提醒自己生命無常。

藏傳佛教中也有一位偉大的上師，有個弟子請求他傳最殊勝的法，他一開始時沒有傳。結果那個人再三請求，上師就拉著他的手，誠懇地說：「我也會死，你也

死

學道之人念念
不忘此字則道
業自成

釋印光書

會死！」——或許有些居士聽了，不以為然：「這哪是什麼大法？上師您應該給我加持一下，給我灌個最高最高的頂，這才是真正的法。『我也會死，你也會死』，這個我也懂，不用您來傳。如果這是法的話，上師您坐在這兒，我可以給您傳。」

然而，那個弟子的信心很足，覺得：「上師講得確實有道理。上師總有一天會圓寂，我也總有一天會死，死的時候，連這個身體都帶不走，更何況是其他東西了？所以，我一定要好好修無常，捨棄今生。」於是他精進地修持此法，終於獲得了成就。

但我們很多人，卻並沒有這種觀念。現在我到一些大城市裡，從不少人的言談舉止中，經常感到他們沒有修過無常，這一點相當遺憾。我自己雖不敢說修得非常好，但不管是到哪裡去，始終都有種無常的感覺。就算平時要出門，也自然而然生起一種念頭：「這應該是最後一次出門，應該不會回來吧？」十年前我就是這樣，現在也仍是如此。

比如說，我這次離開香港後，就覺得是永遠離開了，以後不會再來了。這是自己多年來修無常的一種串習，平時不管做任何事情，都會覺得「這是最後一次」。但我也不會因此而消極，反而會更加積極，努力把每件事情做好。

所以，我們佛教徒不能因為一切是無常的，就什麼

仁波切香港大學問答錄Ⅱ——心淨國土淨

都不管了；因為生起了出離心，看到輪迴太痛苦，就什麼都不做了。這種消極的態度，是不合理的——怎麼你們香港沒有時間概念呢？現在過了半個小時，還一個一個不斷地來。在我們藏地，大家對聽法還是很重視的，七點鐘開始的話，七點鐘就全部到了。呵呵，你們香港太自由了，太自由有時候也不好。沒事，來吧，你自由地來、自由地去，也可以。

今天我講的內容不多，還要講一點點。其實我也沒什麼可講的，假如你們有緣的話，聽一句「我也會死，你也會死」，也會得到利益；如果沒有信心，我聲嘶力竭地「哇哇哇」叫半天，你也會覺得這個人誇誇其談，不知道到底在說什麼。

以前上師如意寶來這裡傳法時，很多人只能聽懂廣東話，對我們說的話都不太懂。當時我們只好請了一位翻譯，等法王講完一些內容後，我先譯成漢語，他再譯成廣東話。不過，這次看你們的表情，基本上很多人都聽懂了。所以說，你們的語言和習慣也是無常的。

今天我們在這裡交流，非常感謝三德弘法中心的淨雄大和尚，以及諸位僧眾的安排！大家都很辛苦，為我們創造這樣一種學習的機會。其實，真正從佛教的教義上講，哪怕我們能共同學習一堂課，機會也是來之不易。像我剛才講的「積際必盡，高際必墮」的這個偈頌，是釋迦牟尼佛因地時身上挖了一千個洞，才得來的

正法㉔。我們如今不需要這樣的苦行，就能輕而易舉地得到，這也是各位的福報所感。

四、當前佛教徒存在的問題

現在不管是哪裡的佛教道場，香港的也好、漢地的也好、藏地的也好、其他國家和地區的也好，互相團結都非常重要。假如每個上師的弟子之間大小戰爭不斷，這對整個佛教來講，是一種損害、一種打擊，除此之外，絕不可能帶來任何利益。

上個世紀以前，戰爭是解決矛盾的主要途徑，而今全世界已經成了「地球村」，國家與國家之間也秉持著求同存異、友好往來的原則，我們佛教團體就更不應該彼此不和了。要知道，不管是南傳佛教、藏傳佛教、漢傳佛教，都是釋迦牟尼佛傳下來的法，幹嘛非要爭個我高你低呢？假如佛教內部都不團結，我們今後是不會有進步、有發展的。

其實，香港、台灣的佛教非常開放，也有很大的發展空間。許多高僧經常在這裡舉辦大型法會，不管是哪個教派的，我個人都非常隨喜，至少這可以讓很多人跟佛教結上善緣。

㉔《釋尊廣傳·尋法品》中：釋迦牟尼佛於久遠之前，為國王甘謝訥巴樂時，四處尋求正法饒益眾生。有一婆羅門說自己有正法，但要想獲得法，須在身上挖一千個洞，插入千根燈芯做成一千盞燈，點燃後才可傳授佛法。國王欣然答應，挖肉做成千燈之後，婆羅門傳給他：「積際必盡，高際必墮，聚際必散，生際必死。」

昨天，我朝拜了香港最大的佛像，那裡有很多遊客，有些是以好奇心去的，因為這曾被譽為「亞洲第一大佛」；有些不是因為信仰，純粹是去觀光旅遊的。但不管是什麼樣的人，只要眼睛看到了釋迦牟尼佛的像，就會種下解脫的善根。所以，自古以來很多真正的大德，一直在通過不同的方式，讓眾生與佛結上善緣。對此，我們都應值得隨喜！

同時，在這個過程中，不管漢傳佛教也好、藏傳佛教也好，難免有個別人魚目混珠，借用佛教的形象欺騙信眾。對此大家一定要擦亮雙眼，認認真真去觀察，否則，剛開始時若不觀察，到最後定會後悔莫及。

現在有些人的行為，對佛教造成很不好的影響，這是非常令人痛心的。當然，這只是他個人的問題，並不是佛教的過失，對此大家一定要分清楚。比如，有些人打著藏傳佛教的旗號，給大家灌頂、傳法，然後搞一些不如法的行為。不少人就認為藏傳佛教是這樣，其實事實並非如此。你們不管是哪一個人，如果去藏傳佛教的教義中尋找，是找不到這些過失的。

因此，我們佛教徒的行為，一定要對佛教負責、對眾生負責、對上師負責。尤其是錢財方面的化緣，對佛教不一定有利。畢竟很多人對財富特別執著，一提起錢，他們臉色都變了，所以，佛教若只代表化緣，那是不會有什麼前途的。

淺談佛教無常觀——香港三德弘法中心演講

作為佛教徒，我們追求的不是別的，而應該是解脫。假如你真的有了無常觀，對世間財富並不會特別希求。記得《正法念處經》中有一個教證說：「色種姓財富，及以諸樂具，一切皆無常，智者不應信。」這個講得非常好！真正有智慧的人，對美色、錢財、享樂、豪宅等，根本不會貪著。因為這些都是無常的，跟解脫比起來不值一提。所以，古往今來許多高僧大德，可以把這些統統看破、放下。包括現在很多在家人，修行到了一定時候，也知道追求身外之物沒什麼實義，那希求解脫的出家人就更不用說了。

因此，有些佛教徒對自己的行為，應該值得注意。否則，你對佛教沒有做什麼貢獻，反而起到破壞作用的話，這是非常不合理的。希望在座的很多佛友，也想一想自己應該怎麼樣弘揚佛教？若要荷擔如來家業，就應當時時護念眾生的心，他們對佛教不理解的、容易誹謗誤會的，自己就要盡量斷除。

這方面，你們每個人都有責任，並不單是我們出家人或某個上師的事情。今天在座的都是佛教徒，你們也可以看一看身邊的基督教徒，對自己的宗教是怎樣維護的？他們平時的所作所為，都會顧及自己的道場、自己的信仰，而我們為什麼缺少一種凝聚力呢？

所以，大家不管是漢傳、南傳、藏傳的弟子，都應該為佛教的未來著想，為弘揚佛法而共同努力。佛法中絕對

有遣除一切痛苦的智慧、利益一切眾生的大悲，這從任何一部經論中都可以找到。但現在很多佛教徒，卻把這些高高的法，用低低的行為來表現，這是相當可惜的。

如今不少人特別喜歡求密法，目的是什麼呢？就是想自己發財、健健康康。其實，有了這種發心的話，修再高的密法也不是密法。往昔阿底峽尊者有個弟子是修喜金剛的，結果他卻修偏了，墮入了小乘的滅定。這是為什麼呢？就是因為他發心不正，以此背離了密宗的境界。所以，判斷一個人的修行是好是壞，並不在於他到底修了什麼，而要看他的發心如何。

現在很多人，理論基礎太差了，系統聞思也不夠，這樣一來，對佛教的廣大甚深沒有正確認識，只是表面上念念經、磕磕頭、燒燒香、拜拜佛，那即使皈依了很多年，也不會有一點進步。

要知道，真正的佛教就是智慧和大悲，若想掌握它的精髓，必須要通過系統學習。如今很多年輕人，智慧非常不錯，對三寶也很虔誠，作功德、開法會十分積極，但對於佛教的真理，他們既不想聽，也不想講。甚至有人還說，學這些理論會增長分別念，對解脫有障礙。其實，釋迦牟尼佛傳下來的經典、龍猛菩薩傳下來的論典，再怎麼樣也不會障礙解脫，這一點你大可放心。有些人根本搞不懂什麼對解脫有障礙，實際上，你如果什麼理論都不學，修行只是盲修瞎煉，這才真正是解脫的大障。

有些人皈依十年八年了，成天在上師面前求灌頂，但一次加行也沒修過。尤其是香港這裡比較自由，傳法、灌頂的廣告宣傳隨處可見，有些學密宗的人得過無數次灌頂了，但只是整天念念咒，從來也不知道要守誓言，一說要系統學習就興趣索然，這是很大的一個問題。

如果你們像藏族人一樣，從小就生長在佛教家庭裡，就算沒有很高的智慧，自己的信仰也會比較穩固。可現在這樣的社會中，人們的分別念錯綜複雜，假如你不懂佛教的道理，過段時間信心就很容易退失，到時候你什麼都抓不住，內心會非常迷茫。但若對佛法有過系統的聞思，一旦你對佛教不理解了，正見馬上就能摧毀你的懷疑，這是特別重要的！

五、用無常觀引導自己真實修行

對我們每個人來講，觀無常是修行的根本，《開啟修心門扉》中講了很多這方面的竅訣。蓮花生大士在一個教言中，也以比喻闡述了相關的道理：就像一個人不慎墜落懸崖，慌亂中抓住了崖壁的一把草。他緊抓不放，往下望去，是萬丈深淵。這時出現一隻白老鼠，叼走一棵草；又出來一隻黑色的老鼠，叼走一棵草，兩隻老鼠就這樣輪番叼，他手中的草越來越少。正在這時，他看到旁邊有棵果樹，樹上長滿了水果，他津津有味品

嘗著水果的甜美，完全忘記了自己身處險境。

這個比喻是什麼意思呢？我們的壽命就像是那把草；黑白兩隻老鼠，比喻白天和黑夜，它讓我們的壽命不斷減少；身邊的水果比喻世間的名聞利養；而身下的萬丈懸崖比喻死後的三惡趣。簡單來說，我們的壽命眼看就要走到盡頭，倘若一味沉迷在妙欲的點滴快樂中，那麼一旦生命徹底結束，等待自己的就只有一條路——墮入三惡趣。

然而，許多人並不知道這一點。有些老年人明明活不了很久，最多二三十年就會離開人間，他卻像還能再活一百年一樣，忙著為未來作各種打算；有些年輕人認為自己身強力壯，用不著去想死亡，卻不明白「黃泉路上無老少」，死亡突如其來就會降臨。

這個世界上，每分每秒都有許多人死亡，有些是橫死，有些是自殺，有些是病死⋯⋯所以，死亡離我們並不遙遠，它隨時隨地都會出現。然而，世間人對「死」字特別忌諱，平時連提都不願提。不像我們佛教徒，一直把死亡無常當修行的動力，就像米拉日巴尊者，最初害怕死亡而去山裡修行，最後因此而獲得了無生無死的把握，縱然死亡來臨也絲毫無懼。

佛教中也有很多老修行人，一輩子都在觀生命無常：「當我死時怎麼辦？我突然得了絕症該怎麼辦？我出門翻車了該怎麼辦？⋯⋯」經常這樣想的話，提前會有一些準備。而世間人，包括不少明星、領導，平時對

淺談佛教無常觀——香港三德弘法中心演講

死亡根本不去想，一旦無常落到了頭上，只能哭哭啼啼、萬般不捨地撒手而去。

所以，你們作為佛教徒，一定要學習佛教的教義。否則，只辦個皈依證，有時間就念念佛，但很多道理都不懂的話，那就太表面了。大家至少也應當每天修一下死亡無常，這個若能修得很好，對行持善法自然有一種無聲的勸導：「我不能天天懈怠、天天散亂，無常來了怎麼辦？我還是要多造善業、多積功德！」

因此，在所有的法中，修無常是最重要的。以前很多大德也說了，倘若你無常修得好，修其他法自然不成問題；假如無常修得不好，即使你得了密宗最高的法，也不一定對解脫有利。

值得一提的是，現在很多人認為，藏傳佛教就叫「密宗」，漢傳叫「顯宗」，好像台灣、香港都這麼叫，二十年來一直如此。其實這是錯誤的，藏傳佛教的噶舉派、格魯派、覺囊派、寧瑪派、薩迦派，都非常強調顯密兼修，就算你走遍整個藏地，也找不到一個教派只修密宗而不修顯宗。同樣，把漢傳佛教稱為「顯宗」也不對。你們看看漢地寺院的早晚課誦，裡面的楞嚴咒、大悲咒、往生咒等，都是密宗的咒語。除了這些以外，密宗也沒什麼更密的東西了。

也許有人認為：「密宗要求灌頂才能看有些法本，顯宗中就不需要如此。」其實，這也是一種孤陋寡聞。

仁波切香港大學問答錄II——心淨國土淨

顯宗的有些出家戒律，對一般在家人也需要保密，不允許隨便翻閱。所以，保密並不是密宗才獨有的。

此外，有些人一看到藏地穿紅色僧衣的，就說他們是「喇嘛教」，這種稱呼也有失偏頗。「喇嘛」是上師的意思，藏傳佛教中的修行人，並非個個都是上師。同樣，有些人看到漢地出家人就叫「和尚」，這也不是特別貼切。「和尚」本是一種尊稱，要修行很好、德高望重的才能稱得上，並不是人人都能叫的。所以，我們出家人有出家人的稱呼，但可能因為歷史的原因，後人把這些就當成一般出家人的稱呼了。

我昨天在中文大學，看到有些學生在研究生論文、博士論文中，提到了很多佛教名詞。當時我就提醒他們：「以後如果寫佛教方面的文章，最好不要太驕傲，以為看了一兩本書就足夠了……」現在很多學者經常如此，有了這樣那樣的頭銜之後，只翻了幾本佛教的書，就開始指指點點、信口開河，這是非常不合理的。

昨天有個人講「如來藏」時，認為如來藏就是如來的心臟，講得特別奇怪。後來我跟他吃飯時，一個同學對他說：「你以後不要這麼講，不然，在佛教專業人士看來，如來藏不像你解釋得這麼簡單。」但他一直堅持這就是如來藏，是佛陀的教法。現在很多人憑自己的想像去理解佛教，然後再一傳十、十傳百，帶來很多負面影響。因此，在座每個佛教徒，都應該有弘揚正法的責任。

同時，我們生命是無常的，今生遇到這麼殊勝的佛法，並不是無緣無故，而是多生累世的福報。有了這樣的因緣時，大家不能明日復明日，覺得「我現在才30歲，等60歲再修吧」，這種想法特別可笑。到底死亡和明天哪個先到來？誰也不敢保證。所以，大家應當有無常的概念，以此鞭策自己盡快修行，不要再浪費這個人身了。

如今，我們有緣學習佛教中無常、無我、大悲心、菩提心等教義，確實非常非常幸運。我們身邊有很多人，每天都在造惡業，一生也沒有遇到這麼好的法，所以大家要珍惜這種機會，一方面要學習佛法，同時也要好好修行。若能這樣，你就會明白「色無常，無常即苦，苦即非我」的道理，證悟空性也不會很困難。

此外，倘若對無常有所認識，那我們生活中無論發生什麼，也有坦然面對的能力。剛才我遇到一個人，她聽說老公有外遇，就專門從漢地飛到香港，在七十多公里以外的地方，準備抓她的老公。她心裡特別特別痛苦，說她老公以前很疼她，現在卻變成了這樣，問我應該怎麼辦。我只能告訴她：「萬法都是無常的，他過去對你好，現在對你不好，這就是無常。而你的話，很可能現在貪執他，但過一段時間徹底失望了，不但不再愛他，甚至想殺了他。所以，有了無常的話，什麼不可能的都會成為可能，你也用不著太執著⋯⋯」

其實，不但人心會變，萬事萬物也莫不如此，一切

仁波切香港大學問答錄Ⅱ——心淨國土淨

都沒什麼可信的，不管是房屋也好、財產也好，包括自己的身體，這些都逃不出無常的範疇。現在有些人因為自己老了，頭髮越來越白了，皺紋越來越多了，牙齒也一顆一顆脫落了，就心急如焚，想方設法利用現代科技，在自己身上修修補補，企圖挽留住青春的腳步。但即便如此，無常的痕跡也不可能被全部擦掉。

因此，大家一定要了解萬法無常的道理，這樣不但對生活很有幫助，對修行更有極大的促進，它能讓我們真正生起出離心，最終證悟無我的境界，進而擺脫輪迴的束縛。

現在很多佛教徒，只追求一些表面上的善行，若是念念經、放放生，這方面大家都很熱情，但從根本上斷除「我」的話，許多人都不在乎。要知道，我們來一次人間不容易，學一次佛法也不容易，假如沒有依此而解決最關鍵的生死大事，那以後還要輪迴多久才能遇到這樣的佛法？這是不得不考慮的一個問題。

所以，學佛不能停在特別膚淺的層面上，畢竟做慈善、搞些簡單儀式、表面上幫助別人，這在其他宗教中也有。佛教中不但有這些，還能讓我們通過修行，認識心的本來面目，徹底解決生死大事。因此，希望在座的佛教徒，在這方面更要值得關心！

附：

香港三德弘法中心問答

『 2011年7月31日晚上 』

（一）問：我來自香港大學，是一位佛法的初學者。最近發生的溫州動車事故非常轟動，如果以佛法的觀點來解釋，那些在事故中遇難的人，可能是前世的業力現前。那麼，我們佛教徒在這樣的事件中，應該扮演什麼樣的社會角色？

答：這次溫州發生的事故，死了接近40個人，在我們的眼中，這也體現了一切都是無常的。

作為佛教徒，這時候一定要表現出利他的精神。如果你有能力，則應從各方面施以援手；沒有能力的話，至少各個佛教團體也要組織起來，祈求三寶加持一切生者、亡者，這樣的話，存亡都會獲得非常大的利益。

以後，人類肯定還會發生各種天災人禍。我們作為佛教徒，每次遇到這樣的災難時，應該有一種幫助社會的意識。當然，近幾年來，許多佛教團體在這方面，確實也做得越來越好了。

仁波切香港大學問答錄II——心淨國土淨

（二）問：我是香港大學的博士生，原來在內地是兒科醫生。這些年不知道為什麼，自閉症的孩子越來越多，我這幾年也一直在從事這方面的工作。特別多的家長面對這樣的孩子時，壓力非常大，有些人認為是自己造了什麼孽，所以報應到了孩子身上。我也是一個佛弟子，那麼在遇到這種情況時，應該從哪方面正確引導他們呢？

答：怎麼樣面對自閉症、憂鬱症的問題，前段時間我在佛學院專門講過一堂課，引用了佛教和現代醫學的一些觀點，方便時你可以上網看一下㉕。

現在自閉症的孩子越來越多，外在的原因，主要是父母對孩子的關心不夠，只是把孩子交給學校，從來也不重視良好的家庭教育。這樣的話，許多孩子就沒有安全感，只好經常去一些網吧，沉浸在虛幻的世界裡。到了一定的時候，他們找不到真實的感覺，與現實的距離越來越遠，最後就把自己完全封閉起來了。當然，最根本的原因，還是孩子自己前世的業障。同時，父母如果往昔造了一些惡業，今生中也會感召這樣的後代。

你能從事這樣的工作，我個人還是非常隨喜。如今這個社會，大多數人從學校畢業之後，只想著自己找工作、自己發財，一旦成了企業家或有能力的人，又總盤

㉕詳見智悲佛網《心靈從沉睡中甦醒》一文。

淺談佛教無常觀——香港三德弘法中心演講

算著盡可能多地霸占資源，對社會關心的可謂寥寥無幾。要知道，現今人們的生活壓力越來越大，身邊的老弱病殘也越來越多，假如人人都只顧自己，那社會遲早會陷入癱瘓的。因此，關心這個社會，對我們每個人來講都義不容辭！

（三）　問：現在信基督教的，遠比信佛教的多。國內基督徒的增長速度，也比佛教快得多，尤其在大學生等知識分子中。請問，這是否因為佛教的因果比較嚴厲，三惡道比較可怕，而令他人寧願選其他的宗教？

答：因果是一個客觀規律，不管你信不信佛教，只要造了惡業，就肯定要感受惡果，如同你種下毒藥的種子，就會長出毒藥的果樹一樣。這是必然的一種規律，並不是佛教獨有的，只不過佛教如實揭示了它的真相而已。

至於基督教的增長快速，也是有一定原因的。一方面它在以美國為主的西方國家非常普遍，包括總統在內都信仰基督教，因此，它的力量十分強大。再者，基督徒有一種共同的責任感。我去過內地的很多大學，看到好多佛教徒只修自己的，有些念阿彌陀佛，有些修禪宗，有些修大圓滿，從來也不關心佛教的發展。而基督教的學生和老師，在各個學校裡，每天都想辦法弘揚他們的教義。

再加上現在的漢地，很多人內心是「空的」，沒有宗教信仰，但人要想生存的話，又需要一種信仰，所以，大多數人就選擇了基督教。漢地曾有一份報告說：基督教打算利用50年的時間，將漢地城市80%[26]的人都變成基督徒。相比之下，我們佛教徒大多只想著自己解脫，從來也沒有考慮過佛教的未來。

當然，我們並不是要跟基督教爭什麼。但佛教的教義如此殊勝，我們作為佛教徒，在大學裡、其他群體中，盡量讓更多的人接觸佛教、了解佛教，以此給他們種下善根，也是很有必要的。大家若能將大乘佛教的慈悲與智慧弘揚人間，這對每個眾生的今生來世，必定會有不可估量的利益。

（四）問：我正在學習您講的《般若攝頌》。請問，證悟空性和利益眾生這兩者之間，有怎樣一種關聯呢？

答：很多上師在教言裡都講了：如果你證悟了空性，自然而然會想去利益眾生；而若想真正地利益眾生，也只有證悟了空性才能實現。

任何一位高僧大德，一旦證悟了空性，就不可能獨自享用這種境界，而會想把它傳給無數人。所以，利益眾生與證悟空性是一種相輔相成的關係。

淺談佛教無常觀——香港三德弘法中心演講

[26]也有說是70%。

（五）問：我來自深圳，在網上看到您來香港開示，就特意帶全家人過來了。今晚聽了您的開示，非常非常開心，也非常激動。我有一個問題是：從2006年開始，我就在網上聽您的法，不知道通過光碟聽法，能不能得到您的傳承呢？

答：一般來講，傳承分為兩種：有一種傳承必須要口耳相傳，依靠光碟得的話，有一定困難；還有一種是，如果你有信心的話，通過光碟也可以獲得傳承的加持。

以前上師如意寶去美國時，第二世敦珠法王已經圓寂了。當時，上師看到敦珠法王「觀音菩薩灌頂」的錄像，說：「我對敦珠法王有很大的信心，這輩子雖然沒機會親自依止他，但我想通過錄像也可以獲得灌頂。」於是我們在場的人全部跪著合掌，接受了這個灌頂，最後一起作了迴向。要知道，上師對傳承的要求非常嚴格，假如這種方式沒有一點緣起和加持，他老人家是不會這樣做的。

所以在某種程度上，通過現在的網絡也好、光碟也好，只要你真正有信心，在虛擬世界中也可以獲得相應的加持。

昨天，香港中文大學有一個英國人，他就講了虛擬世界的作用。他說：「如果有機會，能面對面是最好

仁波切香港大學問答錄II——心淨國土淨

103

的，所以，我這次專程從英國飛過來，參加這個學術研討會。但沒有這種機會的話，大家在網絡中也可以營造一個虛擬世界。現在全世界的人都可以進入這個世界，有些人幹壞事，有些人做善事，每個人借此都能達到自己的目標……」

我覺得他講得特別好！我們作為佛教徒，如果有機會的話，可以親自依止法師聽法；但若沒有機會，也可以在一個共同願望的攝持下，利用現在的網絡科技，盡量行持善法、不造惡業。這也相當於釋迦牟尼佛傳法時，人、天不同的眾生都可以接受一樣。這也是三寶的加持，所以，從自身的加持來講，應該可以獲得一定的傳承。

問：因為帶了家人來，他們沒有現場皈依過，我能不能求一個皈依？

答：皈依的話也可以。如果在座的人已經皈依過，就用不著重新皈依，也不必擔心自己會變成其他上師的皈依弟子。因為我從來都勸大家皈依三寶，而不是皈依我自己。

皈依三寶的時候，我給大家念三遍皈依偈，你心中可以發願：「從今天起，我皈依佛、皈依法、皈依僧。」以前你皈依若只為了自己解脫，那從現在開始，應該改成為了利益一切眾生而皈依，這也可以增上皈依的功德。

淺談佛教無常觀——香港三德弘法中心演講

下面我念皈依偈，你們可以自己觀想——

【堪布用藏語念皈依偈與佛號等……】

（六）問：我剛從香港中文大學的新聞系畢業，現在在做記者。我每天會看《普賢上師言教》，第一次看時，覺得無常真是這個樣子，內心很震撼。第二次看，還是震撼。後來看得越來越多了，自己卻好像越來越麻木了。請上師開示，是因為弟子善根不足、煩惱深重，還是無常需要一些修法呢？

此外，我前段時間去溫州參見一位上師，上師說了一句話：「無常就是這個世界的客觀規律。」那為什麼還要去修呢？

答：雖然它是一個客觀規律，但很多人都不懂，整天把「無常」執著為「常有」。如果沒有修的話，不管是出家人、在家人，修什麼法都不會成功的，這一點我有特別深的感受。

那天聽說這個弘法中心讓我來講無常，儘管我在各個地方講過很多次了，但還是十分歡喜。我想：「講一點無常，還是很有必要的。哪怕能讓一個人生起無常的感覺，從此之後對他修法有點利益，我來到這裡也是有意義的。」

當然，只明白了無常的道理還不夠，假如從來都不

仁波切香港大學問答錄Ⅱ——心淨國土淨

去串習的話，道理是道理，你是你，很多道理對你還是用處不大。所以，我非常希望大家能觀修一些無常法，具體竅訣在《大圓滿前行》、《心性休息三處三善引導文》中都有。其實，藏漢兩地的很多大德都會觀修無常，所以這方面的修法相當多。如果沒有生起無常觀，無著菩薩也說了，修行就會產生懈怠，始終都明日復明日，覺得以後再修也可以。

你作為一名新聞工作者，實際上隨時隨地都可以發現無常的蹤跡。我經常會看一些新聞，目的不是了解國家大事，而是對自己觀修無常很有幫助，自然而然就會鞭策自己不能散亂。記得法王如意寶以前寫過一個《無常道歌》，裡面就講了，假如我們真有智慧，那麼世間上發生的一切，都可以看成是詮釋無常的書籍㉗。有了這種無常觀的話，不論你遇到什麼事，都可以成為自己修行的動力。

（七）問：我有位不信佛的親友，忽然之間得了癌症，如何以佛教去利益他呢？

答：看他能不能接受佛教的一些理念。如果能的話，最好給他念些阿彌陀佛的名號、釋迦牟尼佛的名號，或者讓他自己誦一些咒語，與佛教結上善緣。除此

㉗《無常道歌》云：「若能觀想一切內外法，乃為指示壽命無常書。」

淺談佛教無常觀──香港三德弘法中心演講

之外，可能也沒有別的辦法了。

如果他實在不能接受，不願意信仰佛教，那我們可以默默地給他迴向，甚至臨終時在他耳邊念些佛號，這也能起到一定的作用。

（八）問：我是香港大學教育心理學的學生。我希望以後能利益很多小朋友和年輕人，現在也一直在學習您傳講的佛法，除此之外，最重要的還需要學些什麼呢？

答：你想利益他們的話，一方面可以教些佛教中慈悲觀、菩提心的理念，從小就培養他們的利他心，以及對佛教的正確認識。

同時，現在漢地很多人不重視傳統文化。其實《弟子規》、《千字文》等中，講了許多為人處世的道理。你可以教給孩子們，這對他們的今後肯定會有利益。

如今很多孩子和年輕人，對什麼都沒有感恩心，即使是對自己有恩的人，也不懂得說一聲「謝謝」，這是一個大問題。同時，最關鍵的是什麼呢？就是要培養他們的善心。心善的話，一切都會善；心不善的話，一切都會不善。倘若我心裡沒有善念，即使形象上是個出家人，今天在這裡講得天花亂墜，也只是一種虛偽的表演，對別人不會有多大利益。所以，心善真的特別重要，希望很多孩子從小就能有一種良好的教育環境。

107

（九）問：我是香港城市大學會計系的，現在已經畢業了。我是個佛教徒，剛才聽您說基督徒對自己的宗教很負責任，他們勢力也很大，我身邊的同事、老闆很多都是基督教的。請問，我們怎麼樣才能把佛教徒聯合起來，將如此殊勝的佛教智慧弘揚出去呢？

答：對這個問題，我也思考過。在漢地，現在很多因緣和機會都不錯，要想弘揚佛教的話，首先我們佛教內部要團結起來。剛才我跟淨雄大和尚也商量了，以後我們在香港可以開一些圓桌會議，將漢傳佛教、南傳佛教、藏傳佛教的各大教派聯合起來，大家和睦相處，都不為宣傳自己，也不圖任何利益，只是純粹想無偏地弘揚佛教。在這個過程中，我們不但要為佛教的未來考慮，荷擔如來家業，同時對社會現存的問題，比如環保、生態、教育、衛生等，也應該想辦法略盡一份綿力。

同時，我們還可以邀請知識界、文藝界、學術界的人士參與，大家可從不同的角度提出建議，群策群力。以後如果有因緣的話，我們有這樣一種發心，但不知道能否成功。

當今社會的整體結構，是官、商、學三足鼎立。官界的話，一些領導若是佛教徒，則應利用自己的權勢，正確引導很多人。但現在很多領導可能不太敢，害怕砸了自己的金飯碗。其實你如果真正弘揚佛教，始終為眾

生著想，飯碗肯定越來越牢固，不會打爛的。至於商界，現在也有不少企業家，用自己的財力、實力，一直在宣揚佛教的精神。還有學術界，可以利用自己的影響力，淨化大眾人心。

當然，官員參與的話，可能有一定的難度。但至少我們佛教徒，尤其是一些高僧大德之間，可以共同商量，看以後怎麼把佛教的智慧融入這個社會。若能如此，對全人類、乃至所有眾生，定會帶來無比的利益。

所以，我們每個人在有生之年，不能只想自我發展。其實，你一個人就算擁有再多的財富、再好的智慧，卻沒有用來利益眾生的話，這也沒有多大意義。我們應該站得高一點、看得遠一點，這樣佛教才會有利他的空間，才會有廣泛弘揚的機會。

（十）問：前幾天聽說阿秋喇嘛圓寂了，告訴我這個消息的師兄痛哭流涕，我當時就勸他：「我們也應該發願像這些高僧大德一樣來利益眾生。」我發現我嘴巴挺會說的，但我可能還沒有這樣發願。請上師開示，如果我也想成為這樣的高僧大德來度化眾生，應該怎麼做呢？

答：今天有媒體採訪我時，問我一生中最大的痛苦是什麼？我想了半天，也沒有想起什麼大痛苦。但後來我想起來了：根本上師法王如意寶的圓寂，是我一生中

仁波切香港大學問答錄Ⅱ——心淨國土淨

最大的痛苦！平時我失去一些親人，在記憶中倒沒有把它當作痛苦。但對我們佛教徒來講，最有恩德的上師如果離世了，肯定非常非常痛苦，因為佛法方面的恩德，跟世間的恩德完全不能相比。這方面，每個修行人應該都深有體會。

當然，你的發願非常好。我們每個人不能把自己想得特別渺小，一定要發大願。願大，力就大，這樣才能利益更多的眾生。但具體應該怎麼做？這跟你前世的發願、今生的因緣，以及眾生的善緣都有關，需要具足各方面的條件。因此，你最好是先聞思修行，再慢慢來行持善法、利益眾生。

（十一）一位法師問：上師您好！很慚愧，我想問一個問題，但又不知道該不該問。我們佛家講萬法緣起、緣起攝諸法，緣起是個什麼法？

答：我們佛教講緣起，這也是跟其他宗教不同的地方。釋迦牟尼佛當年說「諸法因緣生，諸法因緣滅」，並將此傳給了弟子馬勝、舍利子、目犍連等，其實這就是緣起法的精髓。

當然，緣起法是特別深奧的。為此，宗喀巴大師專門造過一部《緣起讚》。以前我把它翻譯出來了，前不久在學院給漢僧們講過一遍。在講的過程中，我深深感

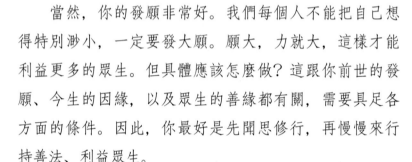

到，釋迦牟尼佛真的特別偉大，緣起觀真的特別殊勝。但可惜的是，現在很多人並沒有完全認識它的真正涵義。

要知道，在這個世界上，釋迦牟尼佛是最偉大、最了不起的，為什麼呢？最主要的原因，就是他宣說了四諦法門、緣起法門。這二者實際上是萬物的真理，誰能揭示出來，誰就可以稱為佛陀。

所以，我非常希望在座的佛教徒，首先應該系統地聞思佛法，尤其是大乘的空性和大悲。不然，你只看了一兩本經書，甚至連一兩本經書都不看，反而去看世間人亂寫的書，看完以後就自以為通達佛教了，這是根本行不通的。

佛教特別博大精深，如果沒有長期、有次第地學習，是很難一窺其門徑的。只有真正學習了，並對此產生了穩固的定解，你才有能力弘法利生。所以，我們作為佛教徒，系統學習特別特別重要！

問：我們跟異教徒交往的過程中，應當怎麼樣去跟他們相處呢？

答：我們對異教徒並不排斥，以後有機會的話，還可以邀請基督教、道教等其他宗教開圓桌會議。大家在各自不同的生活領域裡，弘揚各自的法，彼此應該有一種包容心。我們不能因為自己是佛教徒，就非要跟他們

搶位置，這是沒有必要的。我們的原則是互相尊重、互相了解、互相學習，同時發揚自己的優越性。各宗教之間敵對排斥的時代，早在20世紀就已經結束了，我們現在，應該是一種互利共存的時代。

在這個時候，我們作為佛教徒，若想弘揚自己的法，就一定要先了解自己的教義。說實話，你們這邊的有些人，在學習方面還有進步的空間和餘地。我看到北京、成都、廣州的有些知識分子，他們學得相當好，我跟他們交流的過程中，有時候都特別讚歎。他們也學得非常認真，不是聽一兩堂課、受一個灌頂就滿足了。

因此，佛教徒的整體水平一定要提高。只有當你真正感受到佛陀的大慈大悲，以及不可思議的境界，你才會有弘法利生的勇氣。也只有這樣，我們才能想出一些更好的主意，為整個世界的和平、為全體人類的幸福，做出更大的貢獻。

（十二）問：我是香港大學的學生，也是一名佛弟子，現就職於香港大學。近年來，我們一直從事幫助內地殘障兒童及其家庭的相關工作。內地的殘障兒童約有817萬人，他們的家庭承受著巨大的經濟壓力和心理壓力，非常需要支援。請問，我們應該如何運用佛法去更好地幫助這個群體呢？

答：香港大學有許多信仰佛教的教授，我也認識一些；還有相當一部分學佛的學生，非常隨喜你們對社會的關心！

現在內地確實有很多殘障兒童，若想完全解決他們的問題，可能有一定的困難。但我們可以通過各種平台，盡己所能地為他們做些有意義的事情。

作為一個學生，在大學就有想幫助別人的心，這是相當難得的。如今漢地、藏地的好多大學裡，也有特別多的大學生，利他心非常強烈。不過，我擔心的是，你們到了社會上，成家立業以後，這種純潔的心會不會慢慢就淡化了？

我這並不是杞人憂天，其實這種現象也不在少數。有些人剛從大學畢業時，豪情萬丈、壯志滿懷，一心想要幫助這個社會，可是用不了多久，自己結婚生子以後，原來的利他心就轉移了，全部被繫在家庭這個圈子裡了。

所以，我希望很多大學生，且不說今後能做多少，至少應先保護好這顆利他心。你們的未來，就是這個社會的未來，哪怕一個人有這種利他心，對社會也會起到很大的作用。大家可以看看周圍，如果一個企業家有利他心，對社會能起到怎樣的推動？如果一個大德有社會責任感，他一生中又能幫助多少人？

當然，讓我來指定怎樣幫助那些殘障兒童，才能完

仁波切香港大學問答錄Ⅱ——心淨國土淨

全解除他們的痛苦，我也很難說出一個「放之四海而皆準」的具體方法。雖然我建立了一個基金會，通過各種途徑想幫助別人，但能力也是有限的。不過，只要大家有了這一顆心，就能衍生出大乘的利他行為，它可以在社會各個角落放出光芒，為整個人類帶來溫暖和安樂。

主持人：

讓我們再次以熱烈的掌聲，感謝索達吉堪布！

現在有請我們的淨雄法師上台，為這次傳法圓滿作一個總結——

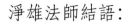

淨雄法師結語：

大家晚上好！首先我代表三德弘法中心，感恩索達吉堪布這次從百忙中抽出寶貴時間，在今晚的兩個小時中，給我們作了這麼好的開示。

在半個月前，堪布還沒有來香港時，他們拿了兩個題目讓我挑，一個是「顯密圓融」，一個就是今晚講的「無常觀」。我想了一下，在香港這個社會，無常觀對我們來說，是最有現實意義的。因為香港是一個美食天堂、是一個購物天堂，很多眾生都迷失在各種物欲之中，不知方向。所以，今晚大家聽了索達吉堪布的開示，應該上了一節很現實的社會課。你們都法喜充滿吧？（熱烈鼓掌）

還有令我想不到的是，今天晚上我非常激動。因為在香港，大家都是非常忙的，能有這麼多信徒發心來聽法，是相當罕見的。我曾經也組織過多次講經法會，來的都是寥寥無幾，上不了100人，所以我都失去信心了。這次看到我們堪布的法緣這麼殊勝，最後的問答環節中，大部分都是大學的年輕學子，我從中也看到了佛法的希望。

　　剛才在提問的過程中，很多信眾都提到了，佛教現在為什麼沒有發展好？這跟我們每個人的發心大不大有關。如果我們都能學堪布這種為法忘軀的精神，我想用不了10年，佛教就非常有希望了。當然，這也要靠大家的努力，你們有沒有信心啊？（大家回答：有！）

　　下午4點多堪布來的時候，我們在隔壁的會議室，用了一個多鐘頭的時間，一直在探討佛教的未來何去何從。所幸的是，今天聽到在座這麼多學子如此發心，我想香港的佛教確實還有很大的發展空間。如果大家能夠團結起來，不分彼此，不要有我見、山頭主義、長者情結，大家都看在佛陀的教義上努力的話，佛教必定會後後勝於前前。

　　因為明天還有法會，今天堪布也這麼辛苦，我就不多說了。希望大家把堪布今天晚上所講的，好好記住。這個記住的話，你們就能發大心了！

仁波切香港大學問答錄Ⅱ——心淨國土淨

蓮花塔

菩提塔

轉法輪塔

神變塔

八大佛塔

天降塔

和合塔

尊勝塔

涅槃塔

淺談佛教無常觀──香港三德弘法中心演講